Como
Amar um
Lobisomem

Como Amar um Lobisomem

Tradução
Denise de C. Rocha Delela

Sophie Collins

Título original: *How to Love a Werewolf*.

Copyright © 2010 Octopus Publishing Group Ltd.
Copyright do texto © 2010 Sophie Collins.

Publicado pela primeira vez em inglês em 2010 na Grã-Bretanha por Spruce, uma divisão da Octopus Publishing Group Ltd, Endeavour House, 189 Shaftesbury Avenue, Londres E14 WC2H 8JY Inglaterra.

Todos os direitos reservados. Nenhuma parte deste livro pode ser reproduzida ou usada de qualquer forma ou por qualquer meio, eletrônico ou mecânico, inclusive fotocópias, gravações ou sistema de armazenamento em banco de dados, sem permissão por escrito, exceto nos casos de trechos curtos citados em resenhas críticas ou artigos de revistas.

A Editora Pensamento-Cultrix Ltda. não se responsabiliza por eventuais mudanças ocorridas nos endereços convencionais ou eletrônicos citados neste livro.

Coordenação Editorial
Denise de C. Rocha Delela
Roseli de Sousa Ferraz

Revisão
Nilza Agua

Dados Internacionais de Catalogação na Publicação (CIP)
(Câmara Brasileira do Livro, SP, Brasil)

Collins, Sophie
    Como amar um lobisomem / Sophie Collins ; tradução de Denise de C. Rocha Delela. – São Paulo : Pensamento, 2010.

    Título original: How to love a werewolf.
    ISBN: 978-85-315-1639-9

    1. Literatura infantojuvenil I. Título.

10-04939
                                CDD-028.5

Índices para catálogo sistemático:

1. Literatura infantojuvenil   028.5
2. Literatura juvenil   028.5

O primeiro número à esquerda indica a edição, ou reedição, desta obra. A primeira dezena à direita indica o ano em que esta edição, ou reedição, foi publicada.

Edição
                                             Ano
1-2-3-4-5-6-7-8-9-10-11
                       10-11-12-13-14-15-16-17-18

Direitos de tradução para o Brasil
adquiridos com exclusividade pela
EDITORA PENSAMENTO-CULTRIX LTDA.
Rua Dr. Mário Vicente, 368 – 04270-000 – São Paulo, SP
Fone: 2066-9000 – Fax: 2066-9008
E-mail: pensamento@cultrix.com.br
http://www.pensamento-cultrix.com.br
que se reserva a propriedade literária desta tradução.

Sumário

★ **Introdução** — 6

★ **Capítulo 1: O lobo da casa ao lado** — 8

★ **Capítulo 2: Passeios e bate-papos** — 30

★ **Capítulo 3: Correndo com o bando** — 54

★ **Capítulo 4: ...Mas o meu namorado é um vampiro!** — 78

★ **Capítulo 5: Amor de lobo** — 100

★ Índice remissivo — 126

Introdução

Você curte umas paradas meio sobrenaturais? Não é de admirar. Os lobisomens estão emparelhando com os vampiros no quesito popularidade, entre as garotas que babam por carinhas com fama de mau.

Os lobisomens não são apenas abençoados com cachos sedosos ou abdômens bem definidos. Se você olhar com mais atenção, vai descobrir que os lobos têm outras qualidades até mais interessantes: eles são doces e leais como labradores e adoram se divertir. Além disso, esse carinha felpudo é tão protetor que, se você conquistar a amizade dele, ele vai cuidar de você como uma mãe ursa cuida dos filhotes. Além disso, ele é tão quente que você nunca vai precisar de um casaco...

Se você está interessada nessa amizade, mas precisa de algumas dicas para começar esse lance com o pé direto, encontrou o livro certo! Aqui você vai encontrar tudo de que precisa para achar um lobinho camarada e fazê-lo confiar em você! Você vai saber onde os lobisomens se encontram com outros do bando, como conseguir afastá-lo dele para começar um papinho a sós (esse carinha é muito ligado aos outros da sua espécie...), quais são seus maiores interesses e, o mais importante, por que vale a pena investir seu tempo nesse lobo com cara de mau.

E não fugimos do lado mais desafiador desse garoto lobo. Também damos várias dicas sobre o que fazer quando ele perde a cabeça (e tem ímpetos de arrancar a de quem vir pela frente), como conquistar seu bando e tirar proveito disso e como saber se o seu lobinho é o alfa da alcateia. Aprenda também a "correr com lobos" sem aborrecê-los, como lhe apresentar os seus próprios amigos sem colocá-los em perigo e o que fazer se vocês se tornarem mais do que apenas bons amigos.

Antes de começar

★ Você vai precisar de uma boa lanterna... lobisomens são mais ativos à noite.

★ É melhor começar a gostar de ficar ao ar livre... esse lobinho detesta ambientes abafados ou cheios de gente, por isso prepare-se para fugir das luzes da cidade.

★ Leve com você duas amigas ou mais. Os lobos ficam mais felizes andando em bando, por isso você vai querer ter algumas amigas por perto para apresentar aos amigos dele.

★ Faça o tipo meiga. Esse garoto adora meninas calminhas (elas diminuem o stress). Primeiro alerta: você quer conhecer o garoto, não o lobo!

Ok, agora vamos lá. Hora de caçar!

O lobo da casa ao lado

Você já leu os livros e já viu os filmes — mas eles não dizem muito sobre como conquistar a amizade de um lobisomem depois que localiza um. O bom é que a maioria desses lobinhos vive mais perto da sua casa do que você pensa. Mas como você distingue um lobisomem de qualquer outro adolescente comum, com os hormônios em ebulição?

Se quiser aumentar suas chances de encontrar um loboboy, continue a leitura! Você vai saber por que o lobo pode ser o melhor amigo de uma garota, como detectá-lo em meio aos outros adolescentes e atrair sua atenção. Aqui você vai saber também como não ter surpresas desagradáveis. Agora é só sair à caça!

Seguindo o rastro da alcateia

Como e onde localizar um lobisomem? Esse é um esporte mais difícil do que caçar vampiros – os lobinhos tendem a andar em bando, assim como os carinhas normais.

O lance é saber onde procurar:

Locais onde se praticam esportes radicais

Os lobisomens adoram adrenalina – eles nunca se cansam de se arriscar. Se você também curte essas paradas, tente alpinismo, rapel ou mergulho submarino e procure o carinha que pratica qualquer um desses esportes com o pé nas costas. Se você não morre de vontade de arriscar a vida, fique de longe observando: se souber o que procura, logo vai encontrar alguém que se encaixa no perfil que procura.

Lanchonetes

Pense no apetite descomunal dos adolescentes comuns. Agora imagine um cara que tem o dobro desse apetite. Os lobisomens adolescentes têm músculos dignos de um halterofilista e uma fome de leão. Que tal fazer um bico de garçonete naquela lanchonete que serve hambúrgueres gigantescos e ficar de olho nos clientes mais famintos?

Cursos de sobrevivência na selva

Se você está à caça desse garoto com fama de mau, então é melhor aperfeiçoar sua capacidade de sobrevivência em lugares inóspitos. Mas o seu lobinho também precisa aperfeiçoar a dele, afinal de contas, ninguém nasce sabendo. Matricule-se num curso e faça par com aquele garoto que exala magnetismo animal.

Na oficina

Talvez você não seja fã de carros ou motocicletas, mas se quiser encontrar um lobo, precisa aprender a gostar. Os loboboys não têm medo de sujar a mão na graxa: são ótimos mecânicos! Veja o lado bom da coisa: nas oficinas mecânicas você não vai encontrar muitas concorrentes para competir com você.

Fique longe!

Os lobisomens odeiam lugares lotados e seu termostato interno entra em curto quando faz muito calor. Eles também não são conhecidos pelo seu estilo intelectual. Museus, galerias de arte ou baladas são zonas livres de lobisomens.

Teste: Ele é mesmo um lobisomem?

Será de fato o seu chamado selvagem que você está ouvindo? Descubra se já sabe o suficiente para detectar um lobisomem em meio aos adolescentes comuns.

1. **Não há dúvida de que ele é um gato (com o perdão da palavra), mas o que atraiu sua atenção?**
   - a. O corpo escultural. Ele tem bíceps maravilhosos... ☆
   - b. O cabelo grosso e sedoso. Que inveja! ☆
   - c. O estilo bom-moço. Óculos de grau e camisa abotoada até o pescoço caem bem nele. ☆
   - d. Seu jeito espontâneo e natural. ☆

2. **Você foi à casa desse lobinho estudar e deu uma espiada no banheiro dele. O que achou?**
   - a. Sabonete, toalha, lâmina de barbear. O básico. ☆
   - b. Um salão de beleza. Ele usa três tipos de condicionador. ☆
   - c. Uma pilha de livros ao lado da banheira e um patinho de borracha. Que fofo! ☆
   - d. Uma banheira gigante, toalhas macias... esse cara sabe viver! ☆

3 Onde você tem mais chance de se encontrar com ele?
a. Numa pista de skate com os amigos. ☆
b. Na academia, malhando. ☆
c. Na biblioteca, fazendo trabalho de escola. ☆
d. No shopping, nas lojas de grife. ☆

4 Vocês se encontram na rua. Como ele a cumprimenta?
a. Com um sorriso largo e um "Bate aqui!" Ele adora encontrar você. ☆
b. É amável, mas não demonstra muito entusiasmo. ☆
c. Ele fica corado! Ai, que gracinha! ☆
d. Ele não perde o rebolado. Sempre sabe o que dizer. ☆

5 Ele é encarregado de organizar a festa de fim de ano da classe. O que vai preferir?
a. Uma noite andando de kart – diversão para toda a galera. ☆
b. Um dia de *paintball*, assim ele pode mostrar sua boa pontaria. ☆
c. Um passeio à exposição de Charles Darwin, o autor de *A Origem das Espécies*. ☆
d. Uma noite contemplando as estrelas, no alto de uma montanha. ☆

6 Você está planejando um dia no campo com os amigos. O que acha que ele prefere?
a. Passeio de montain bike e churrasco no acampamento. ☆
b. Praticar escalada num centro de esportes radicais. ☆
c. Excursão para observar os pássaros. ☆
d. Um passeio no Simba Safári. Ele adora a vida selvagem. ☆

Respostas: Ele é mesmo um lobisomem?

Se a maioria das suas respostas foi...
A

Parabéns – você fez sua lição de casa e esse carinha realmente é um lobo de verdade. Ele é ativo, supersarado, adora andar com seu bando, não perde tempo com superficialidades e é naturalmente quente, de verdade! Todos os sinais de que ele é um lobisomem do século XXI.

B

Dá pra ver por que você acha que esse garoto pode correr com lobos, mas as aparências enganam. Os lobisomens de verdade não são ratos de academia (não precisam) e também não perdem tempo se embelezando. Condicionador de cabelo e malhação? Isso é para quem não tem instintos selvagens.

Lobo de Verdade

Rato de Academia

C

Garota, onde você está com a cabeça? Esse carinha pode ser um ótimo parceiro de estudos quando você precisa de ajuda com a lição de casa, e sua cultura também faz dele uma excelente companhia em passeios aos museus. Mas é evidente que, exceto pelos olhos pidões de filhote, de lobo ele não tem nada!

D

Hmm… errou feio…. Ele tem um gosto apurado e estilo sofisticado? Esse carinha pode irradiar uma vibração não humana, mas isso não quer dizer que seja um lobisomem. Tem certeza de que ele não tem presas em vez de pelo? Porque se parece muito mais com um vampiro…

Geninho

Vampiro

Mitos mais conhecidos

Existem muitos mitos antigos sobre lobisomens – mas a quais deles você deve dar crédito? Digite a palavra "lobisomem" no Google e você descobrirá que essa criatura é uma mistura de alma perdida e sensível, e personagem de filme de terror. Mas não acredite em tudo o que lê. Veja a seguir alguns desses mitos ridículos (e outros com um fundo de verdade).

Folclore

Loucura da Lua

Os lobisomens só se transformam à noite, sob a Lua cheia. Eles só voltam a se transformar quando a Lua muda de fase.

Verdadeiro ou falso? Talvez isso fosse verdade em tempos remotos e em terras muito distantes, mas o seu lobisomem moderno tem família, vai à escola e vive uma vida quase normal. Ele não pode correr por aí a cada Lua cheia. Falso.

Cabeça quente

Não aborreça um lobisomem quando ele está na forma humana – se ficar irritado, não vai conseguir impedir a transformação.

Verdadeiro ou falso? Há um fundo de verdade aqui. Lobisomens jovens, que estão só se acostumando a se transformar, levam tempo para controlar o temperamento forte. Durante um ano ou dois, se você deixá-lo com raiva, ele pode assumir seu eu peludo inesperadamente, e as consequências também podem ser imprevisíveis.

Sangue quente

Você identifica um lobisomem porque ele é quente ao toque. O sangue dele ferve nas veias.

Verdadeiro ou falso? Hmm... não deixa de ser verdade. O sangue do lobisomem não chega a ferver, mas a temperatura do seu corpo é a mesma do lobo – vários graus acima da temperatura humana. Claro que isso faz dele uma ótima companhia nas noites de inverno; você pode deixar o cachecol em casa.

Pelo falso

Você reconhece um lobisomem ao ver os pelos que crescem nas palmas das mãos dele quando está na forma humana.

Verdadeiro ou falso? Um erro grosseiro. Esse boato é definitivamente falso. Com exceção dos poucos segundos que dura a transformação, os lobisomens são 100% humanos ou 100% lobos; não há meio-termo no mundo dos transfiguradores.

Balas de prata

Você só pode matar um lobisomem com balas de prata.

Verdadeiro ou falso? As balas de prata são iguais a todas as outras – elas fazem um belo estrago, mas só se você tiver um punhado delas (e quem tem isso hoje em dia?). E essa não é a única coisa que põe em risco a vida deles: um vampiro enciumado também pode ser mortal para um lobisomem.

Fúria indomável

Você já viu em centenas de filmes: aquele momento apavorante em que o garoto se transforma em lobo. Mas como é essa transformação na vida real? Você deve gritar? Correr? Afagar a cabeça dele para acalmá-lo? Veja aqui o que deve fazer quando ele liberar seu lado selvagem.

"Você vai preferir não estar por perto quando eu me irritar..."

Garotos! Num momento, vocês estão na maior discussão sobre a que banda assistir no sábado à noite e no momento seguinte... ele já está tremendo da cabeça aos pés. Em segundos, você está ao lado de um lobo assustador e uma pilha de roupas em frangalhos. Fique fria e lembre-se de que, no mundo dos lobos, a transformação equivale ao ataque de fúria de qualquer adolescente normal. Ele provavelmente está mais assustado do que você.

Cinco dicas para se lembrar quando seu amigo se transformar em lobo:

1. **Afaste-se.** Há o maior rebuliço durante a transformação, e você não vai querer levar uma patada (ou unhada) na cara. Ele provavelmente não vai querer machucar você de propósito, mas faça a sua parte para prevenir acidentes.

2. **Fique fria.** O seu lobinho não pode falar a sua língua quando está no modo animal, mas ele a entenderá, e você achará surpreendentemente fácil interpretar seus olhares lupinos.

3. **Deixe-o sair.** A maioria dos lobisomens gosta de ficar sob a luz da Lua quando está na forma de lobo. Deixe-o sair – você pode acompanhá-lo (ou pedir uma carona!) para não perder sua companhia. Ou pode ficar em casa, quentinha, e vê-lo na escola.

4. **Seja educada.** Não seja rude com ele. Os lobisomens têm o maior orgulho da sua história e linhagem, portanto não ria nem faça piada do seu lado lupino.

5. **Não faça interrogatórios.** Acima de tudo, não faça milhares de perguntas quando ele voltar à forma humana. Se assistir a uma transformação é meio assustador, imagine passar por ela. Espere ele tocar no assunto e ofereça o seu ombro caso ele queira falar sobre seus conflitos.

Quando as coisas voltarem ao normal, calcule os estragos causados e lembre-se de não provocá-lo da próxima vez.

Menino em pele de lobo

As meninas que não conhecem direito os lobisomens perguntam se elas seriam capazes de distingui-los do bando quando eles estão na pele de lobo. A resposta é sim, se elas souberem o que procurar. Não se trata de um focinho frio ou um pelo sedoso! As principais características do seu loboboy não mudam, mesmo quando ele muda de forma.

Use estas dicas para encontrar seu amigo de quatro patas.

Que tipo de garoto ele é?	Que tipo de lobo ele é?
✳ Tipo sensível e amável, que tende a acalmar o ambiente em vez de agitá-lo. Com certeza o pacificador do bando.	✳ Procure alguém de cara mais redonda, olhos grandes, pelo curto e sedoso, que talvez não seja tão rápido quanto os outros lobos.
✳ Líder natural. Esse é o tipo de carinha que todos ouvem. Ele é quem determina o ritmo ao bando e os outros ficam felizes em segui-lo.	✳ Precisa perguntar? Mesmo na pele de menino, ele é o líder do bando; na pele de lobo, ele é um alfa enorme, com olhos brilhantes e uivo ensurdecedor.
✳ O faz-tudo do bando, capaz de proezas com um martelo na mão. Não há nada que ele não consiga consertar.	✳ Ele é um lobo de pelo castanho, com orelhas pontudas e um olhar alerta e sagaz. Vigia do bando, fica de olho nos caçadores (ou nos vampiros!)
✳ O palhaço da classe, que está sempre fazendo piada de tudo e só quer se divertir. Ele adora arrancar risadas dos outros e fazer pegadinhas.	✳ O mais brincalhão do bando. Ágil e pequeno, este lobo parece um filhote quando está com os amigos. Já viu um lobo sorrir? Este nunca para!

O VEREDICTO?

Você reconheceu o seu amigo humano na sua versão lupina?

Qual é o tipo dele?

Não existem muitas garotas lobisomens por aí, mas existem muitas garotas comuns para um lobisomem amar. Descubra, a seguir, o que o agrada (e desagrada):

Seja natural

A maioria dos garotos adora garotas autênticas, e seu amigo peludo não é nenhuma exceção. Espontaneidade e uma boa conversa vão fazê-lo baixar a guarda e ser natural com você. O que ele detesta? Acima de tudo, bajulação, fofoca e falsidade. Ele pode ter seus próprios segredos, mas não tem duas caras. Por isso prefere ter amigos sinceros e autênticos.

Curta passeios ao ar livre

Os lobisomens não suportam ficar presos em ambientes fechados. Se você curte ficar a céu aberto, isso só vai deixá-lo ligado em você. Se você pratica esportes radicais, então, isso a deixará irresistível! Canoagem em corredeiras, escalada, rapel são verdadeiras iscas para lobisomens. Se isso for demais para você, comece com algo menos radical, como passeios de triciclo e caminhadas em meio à natureza. Quem sabe você pega gosto pela coisa?

Corra com o bando

A lealdade é imprescindível para os lobisomens e eles adoram jogos em equipe. Os primeiros filmes de horror erraram feio. Longe de ser criaturas solitárias e antissociais, os lobos se sentem mais à vontade em grupo e gostam de cuidar uns dos outros. Deixe claro que você pensa como ele: cuida dos seus amigos e eles fazem o mesmo por você. Ele vai ficar amarradão em você.

Seja prática

Apesar de serem sobrenaturais, os lobisomens têm os pés no chão, e não desperdiçam muito tempo com sentimentalismos. Fortes e seguros de si, eles gostam de pessoas autossuficientes, que andam com as próprias pernas. Rainhas do drama não fazem o tipo deles. Se você faz um estardalhaço cada vez que quebra a unha e sempre pede ajuda quando encontra uma aranha no box do banheiro, precisa pensar se quer mesmo correr com lobos.

O VEREDICTO?
Você é ativa, leal, descontraída e sem frescura? Se é tudo isso, parabéns! Você é o par natural de um lobisomem.

Lobo mau, Lobo bom

E então? Ele curte seus poderes de lobo ou prefere ser um garoto igual a todo mundo? Dê uma olhada nos prós e contras de ser um transfigurador – o que é irado e o que não é.

É irado...

* Ser rápido, musculoso e mais forte do que um cara normal. É quase como ter superpoderes!

* Agir por instinto sem se preocupar com boas maneiras.

* Ter um segredo compartilhado apenas com os outros membros da alcateia.

* Impressionar as garotas.

* Assustar vampiros.

* Estar tão perto do mundo natural.

Mas é chato...

* Transformar-se sem aviso quando as coisas esquentam. Todo adolescente perde a cabeça!

* Destruir as roupas cada vez que se transforma.

* Ter que manter segredo dos amigos e da família para o bem deles.

* Assustar as garotas.

* Ter inimigos mortais... .

* Assustar tantas criaturas selvagens... e animais de estimação!

O VEREDICTO?
Já está na cara que os lobos têm um lado gentil. Você quer saber mais sobre eles? Ou você não gosta desse lance meio animal?

Conversa de lobo

Você o conheceu, rolou uma sintonia e, quando vocês conversam, você sente que existe uma conexão – mas vocês podem conversar sobre qualquer coisa ou alguns assuntos estão fora de questão? Debaixo do pelo, a maioria dos lobos é uma alma sensível; então, cuidado para não passar dos limites. Você não quer voar pelos ares!

Conheça nosso guia à prova de abobrinha e os assuntos mais seguros para o bate-papo com seu lobinho.

Quente!

★ **Atletismo**. Muitos lobos se sobressaem no atletismo, mesmo quando estão na forma humana. E sobre quatro patas, eles são a coisa mais veloz da Terra (não há muitas outras espécies que conseguem ultrapassar um vampiro...). Ele pode conversar durante horas sobre bater recordes, técnicas de corrida e outros assuntos afins. Não comece o papo se não for uma boa ouvinte.

★ **Cuidados com o cabelo**. Talvez seja melhor ir devagar com o assunto, mas a maioria dos novos lobos curte o próprio pelo. Os garotos que nunca deram a mínima para corte de cabelo, de repente podem mostrar interesse pelo melhor condicionador. Ajude-o a conhecer melhor sua marca preferida.

★ **Moda**. Ele não dá a mínima para marcas de grife, mas precisa de roupas novas e em quantidade (e com seus músculos, estamos falando de tamanhos grandes). Converse com ele sobre as melhores opções e divirta-se ensinando a ele sobre como ter estilo – já é bem ruim que ele estraçalhe as roupas cada vez que se transforma; mas é bem pior se nem valer a pena salvá-las!

Esqueça!

★ **Técnicas para controlar a raiva.** Mesmo que você ache útil, é melhor não aconselhá-lo a usá-las. Ele está pra lá de consciente do que acontece quando perde a cabeça, e não vai curtir seus métodos de respiração profunda, mesmo sabendo que você só está tentando ajudar.

★ **Vampiros.** Lobisomens e vampiros batem de frente. Ponto final. Mas antigas rixas de sangue não é algo que se discuta com um lobo; por isso, se você quer que as coisas continuem divertidas, fuja da palavra que começa com V.

★ **Adestramento de cães.** Esse é um erro fácil de cometer. Afinal de contas, ele sabe tudo sobre instinto animal e se o seu cãozinho precisa de adestramento, então o que seria mais natural do que pedir algumas dicas? Os lobos simplesmente detestam ser comparados com cães domésticos, portanto seria uma tremenda bola fora! Evite.

Diários do Lobisomem I

Você saiu à caça de um lobisomem e encontrou um amigo. Mas vocês já são grandes amigos ou ainda se estranham um pouco? Use esta página para registrar os altos e baixos da amizade entre vocês e não correr o risco de cometer uma gafe.

Onde nos encontramos

O que eu notei

Por que é tão bom ter a companhia dele

....
....
....
....

Por que ele às vezes me deixa nervosa

....
....
....
....
....

O que o faz rosnar para mim

....
....
....
....
....

Passeios e bate-papos

Depois de identificar o seu loboboy e sua alcateia, ficar amiga dele é fácil, certo? Errado. Os lobos não são maus, mas são temperamentais (experimente ter uma porção de hormônios adolescentes — e lupinos — borbulhando dentro de você!), por isso esteja preparada para passar por alguns altos e baixos, pontuados por momentos de um silêncio agourento.

A parte boa é que, quando se conhecerem melhor, você vai descobrir que ele é o melhor amigo (humano) que você já teve! Vocês vão se divertir juntos, mas ele vai proteger você também. Para saber onde podem ir e o que fazer juntos, é só continuar lendo...

Filmes imperdíveis

Então vocês vão assistir a alguns DVDs juntos? Ótima ideia – e se você quiser que ele dê muita risada, escolha um filme de lobisomem (ele vai poder apontar todos os erros, tim-tim por tim-tim). Mas qual?

Filmes mais maneiros:

1 *Lua Nova* (2009)

Se você ficou desapontada com o excesso de vampiros de *Crepúsculo*, o primeiro filme da saga, saiba que *Lua Nova* não repete o mesmo erro. Os lobisomens são legais (e verossímeis) e ainda há dois filmes da série pela frente – ambos com muita ação entre vampiros e lobisomens.

2 *I Was a Teenage Werewolf* (1957)

Um clássico *cult* estrelado pelo queridinho das comédias dos anos 50, Michael London. Cheio de erros, mas com um figurino maneiro. Vale pelo pôster original fabuloso da caixa do DVD.

3 *A Maldição do Lobisomem* (1961)

Tudo bem, é meio antiguinho, mas tem cenas de transformação surpreendentemente boas. É muito preciso em algumas partes e tem um roteiro interessante e objetivo.

4 *O Lobisomem* (1941)

Um dos primeiros filmes sobre lobisomem – com uma atuação hilariantemente forçada e muitos uivos vindos de um sujeito que parece usar uma fantasia de gorila. Também tem uma fantástica trilha sonora das mais sinistras e muita neblina também (refilmado em 2010).

5 *Lobo* (1994)

Jack Nicholson tem idade bastante para ser seu avô, mas isso não impede que você ria muito com essa história fabulosa. Ela acerta nos superpoderes (como o olfato ultrassensível), que os lobisomens *de fato* têm.

6 *O Garoto do Futuro* (1987)

Comédia boba de acampamento, protagonizada por um herói adolescente, louco por esportes. De quebra, muita moda dos anos 80 para você curtir.

7 *Van Helsing* (2004)

Filmado na terra natal do Drácula, a Transilvânia, mas com um roteiro "lobocêntrico", com algumas cenas realmente espantosas!

8 *Sangue e Chocolate* (2007)

Se *Crepúsculo* não foi suficiente, assista a esta linda história com uma garota lobisomem no centro de um triângulo amoroso condenado ao fracasso. Tem sangue demais para quem tem estômago fraco, mas lobisomens às pencas.

9 *Um Lobisomem Americano em Londres* (1981)

Outro clássico – as presas podem ser um exagero, mas tem cenas que arrepiarão os pelos do seu pescoço. Assista com a luz acesa!

10 *A Companhia dos Lobos* (1984)

Mais uma série de contos de fadas do que uma história de lobisomem, mas é um filme encantador, que lhe dará muito o que conversar.

Juntinhos!

Ele não é exatamente um solitário, mas as únicas aglomerações que aprecia são as dos grupos da sua própria espécie... Portanto, se você quiser dar uma saidinha com um garoto lobo, saiba quais são as melhores opções (e as piores...)

Paradas iradas

Patinação no gelo

A temperatura ajudará a manter o seu parceiro fresquinho e você pode se aquecer com o corpo dele, que irradia calor! Além disso, com seu equilíbrio perfeito e velocidade natural, ele se sentirá em casa sobre os patins. Se você se sentir um pouquinho insegura, nada mais justo do que se agarrar a ele! Reserve um horário na pista de patinação e coloque os pés em movimento!

Surfe

Embora seja um esporte completamente diferente, requer as mesmas qualidades que o seu amigo lobisomem tem de sobra. Na verdade, embora você não possa chamar um lobisomem de atleta (ele é muito independente para isso), ele se destaca na maioria dos esportes. Você pode deixá-lo se divertindo com os amigos em cima da prancha, enquanto você pega uma corzinha na areia, ou pode pegar onda junto com ele.

Corrida de carros

Ficar em pé ao lado de uma pista de corrida talvez não seja a ideia que você tem de um programa inesquecível – é barulhento, empoeirado e cansativo. Mas se você quer mimá-lo um pouco, então esse é o jeito certo, pois tem a velocidade e a adrenalina que ele tanto adora. Faça um agrado no seu lobinho e não se esqueça de levar lanches para dois.

Churrascaria

Os carinhas normais em geral comem um bocado. Os lobisomens comem *mais* ainda! Esse sujeito come carne o tempo todo e em grandes quantidades. Deixe o restaurante japonês para o dia em que sair com as suas amigas e permita que ele satisfaça o seu apetite de lobo. Lembre-se, uma salada e um bom bife de filé mignon são uma opção saudável para você também.

Jogo de futebol

Claro, poderia ser basquete, vôlei ou qualquer outro esporte de competição; os lobisomens adoram assistir a times em ação, seja fazendo cestas, dando saques ou emplacando a bola no gol. Use um moletom bonito, peça cachorro-quente e acomode-se ao lado dele para torcer também.

Minitreinamento para a maratona

Se a vida toda você quebrou as suas promessas de fazer exercícios e ficar em forma, é hora de reverter essa tendência. Os lobos adoram correr mais do que qualquer outra coisa. Convide-o para ser o seu treinador e você se surpreenderá consigo mesma. Só não o desafie para uma corrida.

juntinhos 11

É uma furada...

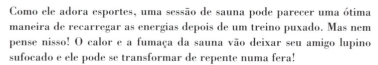

Sauna

Como ele adora esportes, uma sessão de sauna pode parecer uma ótima maneira de recarregar as energias depois de um treino puxado. Mas nem pense nisso! O calor e a fumaça da sauna vão deixar seu amigo lupino sufocado e ele pode se transformar de repente numa fera!

Baile da escola

É uma pena, porque ele de fato tem ritmo e você adoraria tê-lo como par na pista de dança, mas se quer dançar com ele você precisa encontrar algum lugar onde possam fazer isso ao ar livre. Ambientes fechados estressam o seu lobinho e, se ele ficar irritado – bem, acho que você não vai querer deixá-lo irritado... Além disso, ele iria arruinar seu traje social.

Trilha na mata

Ele adora perambular por aí, em meio à natureza, por isso uma aula sobre como seguir rastros de animais poderia ser uma ótima ideia. Mas pássaros e animais podem farejar os lobos a quilômetros, por isso as chances de vocês encontrarem um ser vivo na mata seriam muito pequenas. O seu amigo já sabe tudo de que precisa sobre seguir rastros, por isso deixe esse programa para quando estiver com a sua amiga natureba.

Aula de Yoga

Você acha maneiro e relaxante, e pensou que poderia trazer à tona o lado mais sensível do seu loboboy. Além disso, poderia lhe dar mais flexibilidade. Mas, pense bem... lobisomens não ficam melhor usando malhas de lycra e fazendo meditação do que os caras normais. Aceite isso – ele pode ser uma criatura sobrenatural, mas algumas coisas são simplesmente demais, até para ele.

Karaokê

Você e suas amigas são feras no karaokê – embora seus agudos sejam meio fora do tom, vocês sabem como impressionar com um microfone na mão. Visto que ele gosta de andar com a sua alcateia, uma noite no karaokê seria uma ótima opção para reunir todos eles, certo? Errado! Um fato não tão conhecido sobre os lobisomens é que eles são meio desafinados. E quando cantam juntos – bem, parece mais um bando de lobos uivando... Por que será?

Em busca de aventuras

Embora a transformação possa ser pura adrenalina, você não quer passar o tempo todo na companhia de uma fera. Por sorte, existem muitas outras coisas incríveis que vocês podem fazer juntos (até mesmo como voluntários), se você tiver nervos de aço...

Até onde vai a sua coragem? Assinale as opções arrepiantes que você conseguiria encarar.

Escalar paredes   Fator Medo: 1/5

Humm. Bem, não é a escolha mais perigosa, mas há muitos lugares para praticar. Vocês podem trabalhar em equipe, o que os ajudará a confiar um no outro, e comemorar muito quando chegarem ao topo juntos.

Salto de trampolim   Fator Medo: 2/5

Bela nem pensa mais em praticar mergulho em penhascos e você também não deveria se arriscar – você quer se divertir, não correr riscos. Mas o trampolim mais alto da piscina do clube oferece uma vista fantástica antes de você cair na água. Você poderia tentar. A maioria dos lobos adora água, portanto ele ficaria feliz em acompanhá-la.

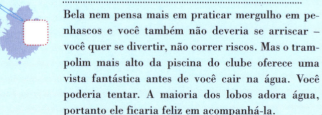

Canoagem em corredeiras Fator Medo: 3/5

Agora a coisa está esquentando! A canoagem em corredeiras é um esporte rápido, acidentado e imprevisível, que requer espírito de aventura. A combinação de velocidade e força faz do seu lobo seu parceiro perfeito.

Bungee jumping Fator Medo: 4/5

Muitas pessoas praticam esportes radicais – mas a maioria nunca se arriscaria a tanto. Porém, este oferece muita adrenalina com um risco relativamente pequeno, e você causaria uma ótima impressão no seu lobinho de estimação – afinal, embora ele possa correr como uma bala, ainda não sabe voar.

Salto de paraquedas Fator Medo: 5/5

Saltar de um avião presa a um saco de nylon e a alguns cordões... Se você está em busca de uma experiência eletrizante, esta é a sua oportunidade. Um salto será suficiente para deixá-la eletrizada por pelo menos uma semana!

O VEREDICTO?

Você está a fim de praticar esses esportes? Se está, lembre-se apenas de que nunca vale a pena ir além dos seus limites só para impressionar outras pessoas, por isso não mergulhe de cabeça em nada que não a faça se sentir confortável.

Contando segredos

Se a amizade entre vocês ficou mais firme, é natural que você queira ter às vezes com ele um papo cabeça. Quando você tem um cromossomo Y a menos, até os caras normais podem parecer intrigantes; o que dirá alguém que uiva sob a luz da Lua?... Qualquer garoto corre quilômetros para não falar dos sentimentos (e o seu lobo é veloz) – por isso, se ele está interessado na sua amizade, por que não tirar proveito disso propondo que perguntem tudo o que querem saber sobre o sexo oposto, prometendo responder com sinceridade?

É melhor se preparar para contar segredos!

Você pode perguntar...

✳ Se ele tem "irmãos" (lobos ou humanos).

✳ O que ele sente ao se transformar. Dói?

✳ Qual a sensação de ter pelos no corpo todo.

✳ O que ele sentiu ao descobrir o que era.

✳ Se ele tem supersentidos quando está na pele de lobo.

✳ Se ele conhece garotas lobisomens. Gosta delas?

✳ Qual é a melhor coisa de se andar com quatro patas.

✳ Se ele já mordeu alguém.

Ele pode lhe perguntar...

✳ 37º C? Como é ter um corpo tão frio o tempo todo?

✳ Se você um dia já quis mudar de forma.

✳ Se você às vezes consegue ler a mente dos seus amigos.

✳ O que você conversa pendurada no telefone com as suas amigas.

✳ Como, vocês garotas, conseguem ficar horas no shopping fazendo compras. (Esse é um mistério para todos os garotos!)

✳ Se você não se sente vulnerável sem superpoderes.

✳ Se um lobisomem tem as mesmas chances com as garotas do que um cara comum... ou que um vampiro.

E AÍ?
Muitas surpresas? Vocês se sentem mais próximos agora que se conhecem melhor?

Teste: Dando um tempo

As coisas vão bem – você acha que encontrou o cara perfeito para se divertir e conversar. Mas de repente ele passa a ignorá-la. Será algo que você fez? Será que ele não quer mais sua companhia? Ou só está precisando de um tempo com o seu bando? Responda às perguntas para descobrir se você está na geladeira... e por quê.

1 O que ele faz quando você o encontra por acaso com a alcateia?
a. Apresenta você a todos; ele torce para que se deem bem. ☆
b. Diz, "Oi" e se afasta rápido do bando, para ter você só para ele. ☆
c. Começa a fazer comentários e brincadeiras que só os amigos entendem. ☆
d. Diz "Tchau" e depois se afasta com a turma dele. ☆

2 Ele não fala muito, mas agora parece um túmulo. O que você faz para ele abanar o rabo outra vez?
a. Organiza um passeio ao ar livre, incluindo os amigos dele. ☆
b. Diz que estará por perto, se ele precisar. ☆
c. Procura um dos amigos dele e pede uma opinião. ☆
d. Ignora-o até que ele volte a falar com você. ☆

3 Quanto vocês conversam sobre o seu lado lobo?
a. Muito. Ele confia em você o suficiente para se abrir. ☆
b. Um pouco, mas ele fica meio constrangido de contar os ☆
detalhes.
c. Não muito. Ele não é de se abrir. ☆
d. Quase nada. Com seu espírito livre, ele não se explica a ☆
ninguém.

4 Você fica com o pé atrás quando ele está de mau humor?
a. Que nada. Todo mundo tem seus altos e baixos, né? ☆
b. Ele sabe controlar muito bem seu gênio, mas, quando seus ☆
olhos faíscam, você fica um pouquinho assustada.
c. Claro! Você já lhe disse que ele precisa se controlar. ☆
d. Você nem fica por perto. O seguro morreu de velho. ☆

5 Sobre o que ele conversa com você antes de desaparecer com o bando?
a. Sobre o mês de férias irado que passará com os amigos. ☆
b. Coisas de escola. Mas ele parece impaciente. ☆
c. Ele está misterioso (e totalmente irritante). Não diz nada ☆
sobre o tempo que passará fora com o bando.
d. Você não se lembra. Nem estava ouvindo de verdade… ☆

6 Como ele age quando reaparece?
a. Recomeça a conversa de onde parou. ☆
b. Conta as novidades, mas se interessa em saber o que você ☆
andou fazendo.
c. Parece meio sem jeito, e não responde às suas perguntas. ☆
d. Fica envergonhado quando você faz perguntas; ele voltou, ☆
não voltou?

Respostas: Dando um tempo

Se a maioria das suas respostas foi...

A
Muito bem! Você ganhou a confiança dele e ele pode confiar em você, contando sobre suas atividades como garoto e como lobo. Ele está feliz que você tenha se entrosado com os amigos dele, sejam bípedes ou quadrúpedes, e sabe que você é uma amiga de verdade. Mesmo que ele desapareça com o bando, logo procurará novamente a sua companhia.

B
É uma amizade sólida, e vocês se importam com os sentimentos um do outro, mas ele não sabe muito bem o que você pensa da sua natureza lupina (e nem você sabe – gosta dele, mas não está certa se quer amizade com o bando todo). Vocês dois podiam se abrir um pouco mais; vocês se dão tão bem que vale a pena tentar superar essas diferenças.

C

Hmmm... vocês são amigos, claro, mas ele não sabe até que ponto pode confiar em você. Ele tem receio de falar sobre suas experiências com o bando e não sabe se você está interessada, por isso não entra em detalhes. Amigos de verdade se aceitam, com pelo ou não, por isso vocês terão que fazer alguns ajustes caso queiram manter essa amizade.

D

Como se dizia (meio) antigamente, vocês se amarram um no outro. Ambos fazem o que querem, mas nenhum dos dois é muito de se abrir, por isso são mais colegas do que almas gêmeas, digamos assim. Tudo bem, se isso é o que você quer. Se não é, para que ele se abra, você precisa mostrar que ele pode confiar em você.

Nada de transformações

A princípio, as transformações também são uma experiência nova para os lobisomens, por isso durante algum tempo eles podem ter dificuldade para se controlar. Se o garoto fica muito estressado ou feliz demais, ele pode se transformar contra a vontade e de modo súbito (e constrangedor!) Ele detesta não se sentir no controle, então como você pode ajudá-lo a manter a cabeça no lugar?

Algumas ideias que vocês podem tentar juntos:

Tai chi

Sabe aqueles exercícios em câmera lenta que você às vezes vê grupos praticando em parques públicos? Pois é. Podem ser meio teatrais, mas é um modo fabuloso de ajudar o seu amigo a tranquilizar mente e corpo. O tai-chi tem tudo a ver com controle, não com agressão. O seu amigo certamente vai achá-lo útil quando o sangue subir à cabeça e ele estiver a ponto de explodir. Além disso, o tai-chi promove a saúde e o bem-estar, além de tonificar os músculos, por isso você pode praticar também.

A mente domina a matéria

A meditação é um método comprovado que muitos lobisomens adultos utilizam para se acalmar antes que as coisas saiam do controle. Seja qual for a técnica que você escolha, tudo é uma questão de foco e concentração. Os lobisomens não são famosos pela paciência, por isso é melhor começar com um método prático e eficaz, que não exija que ele estude a teoria. Para encontrar escolas de meditação, faça uma pesquisa na Internet.

Transformação voluntária

Isso pode parecer estranho, mas, se o seu amigo aprender a se transformar quando quiser, ele achará mais fácil *não* se transformar quando precisar continuar na forma humana. Arranje um cronômetro e um amigo com nervos de aço (que é você!) e peça que ele se transforme dentro de um determinado tempo, enquanto você controla o tempo com o cronômetro. Encontre um lugar reservado onde possam praticar. Se vocês tentarem fazer isso em público, logo terão uma plateia!

Encontre um mentor

Se todos os métodos falharem e o menor stress já for motivo para ele se transformar, isso é sinal de que ele precisa de um mentor. Nisso você não pode ajudá-lo – só um lobisomem experiente pode ensiná-lo sobre os mistérios da sua espécie e como lidar com seus desafios. Os carinhas mais velhos do bando também podem assegurá-lo de que essa falta de controle é passageira; trata-se de um rito de passagem, entre os muitos pelos quais os adolescentes passam.

Existem garotas lobisomens?

Há séculos, esse é um dos temas mais quentes (em mais de um sentido) do folclore dos lobisomens. Os lobisomens são sempre do sexo masculino ou também existem garotas por aí, correndo com seu bando? Você encontrará muitas informações contraditórias, por isso é hora de saber a verdade: são raridade, mas, sim, elas existem!

O que você precisa saber sobre a garota lobisomem?

Amizade

Ela vai gostar de você? Talvez, mas leva tempo e não pode haver pressão; ela provavelmente é mais reservada do que as meninas comuns. Como qualquer lobisomem, ela detesta desonestidade e falsidade, por isso seja franca com ela e ela será amável com você.

O visual dela

Assim como seu amigo lobo é alto, sarado e muito gato, a menina loba típica é um mulherão, que nunca brigou com o cabelo e tem o corpo sarado de quem frequenta a academia diariamente. É de dar inveja! Embora tenham muita personalidade, as garotas lobisomens são gente boa: leais e generosas como seus irmãos. No entanto, ela é uma garota que você nunca, mas nunca mesmo, vai querer desafiar para uma briga.

Biologia

Ignore os filmes. Você não se transforma num lobisomem por causa de uma mordida (fala sério, se você irritar um lobisomem a ponto de ele mordê-lo, terá muita sorte se sobreviver). A licantropia está nos genes e, em poucas palavras, é mais comum entre os garotos. Mas de vez em quando se encontra uma garota loba, especialmente quando há vampiros por perto, por isso não se surpreenda se encontrar um bando misto.

Conversa de meninas

Lobas são tão raras que não estão acostumadas a andar na companhia de outras meninas que entendem sua condição, por isso peça ao seu amigo para apresentar você a ela e ajude-a no papo inicial. Música, escola e moda (ela tem os mesmos problemas que eles com a transformação, por isso compram muita roupa) são assuntos seguros. Não deixe que a exuberância dela intimide você, pois ela tem os mesmos problemas que todo adolescente tem. Só há uma diferença: quando ela está com TPM, é preciso ter *muito* mais cuidado!

Não faça muito estardalhaço

As lobinhas têm um grande segredo a proteger, e podem ser até mais reservadas que os garotos. Não a bombardeie com perguntas sobre como é ter um casaco de pele natural e correr mais do que qualquer ser humano. Se ela quiser, vai contar tudinho a você na hora certa. E se não quiser, bem, você definitivamente não vai querer pressioná-la.

Prós e contras desta amizade

No início, você pode ter sido atraída pela novidade, mas já aprendeu muito desde então, por isso, se ele já ocupa a posição de seu melhor amigo, você já tem condições de responder: a longo prazo, qual é a melhor opção? O carinha comum ou aquele que corre com o bando? É hora de definir.

Garoto comum

Prós

* É fácil saber o que ele pensa.

* Ele é descontraído e não perde a cabeça com tanta facilidade.

* Você o conhece desde sempre; não é uma ameaça nem um estranho no ninho.

* Vocês leram os mesmos livros, gostam das mesmas bandas e veem os mesmos filmes.

* Às vezes é bem legal andar com um carinha comum...

Contras

* É fácil *demais* saber o que ele pensa.

* Ser despreocupado é bom, mas ele às vezes é meio previsível.

* Você gostaria que ele a surpreendesse pelo menos uma vez.

* Pode ser difícil convencê-lo a experimentar algo novo.

* ...e, às vezes, andar com um cara comum é simplesmente um porre...

Garoto comum

Garoto lobo

Garoto lobo

Prós

* Ele tem uma personalidade marcante e é (literalmente) quente.

* Está sempre em movimento; tem energia de sobra.

* Você acha seu lado lobo fascinante.

* Ele sabe consertar qualquer coisa – conseguiu até dar um jeito no seu iPod com defeito.

* Ele realmente sabe o que é ser um amigo leal.

Contras

* Embora ele tente se controlar, é cabeça quente.

* Às vezes você gostaria que ele diminuísse um pouquinho o ritmo.

* A transformação repentina pode ser meio desconcertante.

* Ele não é ligado em cultura: museus e teatro para ele são programa de índio.

* Você sente que o bando sempre está em primeiro lugar.

O VEREDICTO?
O que você mais procura nos garotos (ou nos lobos)? Há espaço na sua vida para os dois?

Diários do lobisomem II

Geralmente é assim: quanto mais você se aproxima de alguém, mais conhece seu lado bom e seu lado ruim. Seu amigo lobo não só lhe ensinou muito sobre os garotos (e sobre os lobos!), como também aprendeu muito com você sobre o comportamento e os sentimentos das garotas. Vocês se divertem muito quando estão juntos, mas o que acontece quando você está com a sua turma e ele está com o bando? A coisa muda de figura? E, depois, o que rola?

O que eu aprendi

....
....
....
....
....

O que eu acho que ele aprendeu sobre as garotas

....
....
....
....
....

Coisas legais sobre a nossa amizade

Coisas não tão legais sobre as quais precisamos conversar

Qual será o futuro da nossa amizade?

3

Correndo com o bando

Se você está procurando um amigo, no singular, ele é o cara errado. Goste você ou não, o seu lobinho faz parte de um bando e você o verá muitas vezes na companhia dele.

Então o que você deve fazer quando quer seu amigo com exclusividade, para bater um papinho a dois? E como ajeitar as coisas caso a sua turma e o bando dele não se comportem exatamente como uma "grande família"? Este capítulo lhe dará muitas dicas sobre o que fazer quando as coisas ficarem cabeludas...

Política do bando

"O que é da sua conta, também é da nossa conta." Essa frase pode parecer uma fala de um filme da Máfia, mas essa é exatamente a dinâmica que rege a vida do seu novo amigo. Então, como ela funciona de fato?

Descubra os hábitos dos lobos:

Todos por um

Os lobos cuidam uns dos outros, e não só quando estão numa briga. Os outros membros do bando dele também cuidam uns dos outros emocionalmente – e isso inclui saber quem são seus amigos humanos. Quer dizer, você. Prepare-se para ser avaliada por todos eles.

Falta de privacidade

Não é fácil entender o que significa ultrapassar limites quando você é capaz de ler mentes, por isso privacidade não é um conceito popular no bando. O seu lobinho não tem alternativa a não ser compartilhar tudo com os companheiros, por isso não pegue no pé dele. Se ele se importa com você, os amigos também se importarão. Chame-o de lado e explique que você prefere que alguns papos mais particulares fiquem só entre vocês. Logo todos captarão a mensagem.

Bando de famintos

Os lobos andam em bando, o que significa que, logo que um aparece, os outros vêm em seguida e lotam a sua casa, limpam sua geladeira e depois vão todos embora ao mesmo tempo. Depois de uma visita do bando é como se uma praga de gafanhotos tivesse passado pela sua casa. Faça um bom estoque de salgadinhos e refrigerantes.

Arranca-rabo

"Briga" é provavelmente uma palavra exagerada: os meninos-lobos se estranham como um bando de filhotes. Isso é coisa de todo adolescente, mas a maioria dos carinhas não se transforma em lobo no meio da briga, para poder resolver as coisas fisicamente. Ter a sala repleta de lobos irritadiços pode não ser seguro para a mobília da sua mãe (que definitivamente não aprovará as suas visitas), por isso imponha a sua autoridade e mande que resolvam suas pendengas do lado de fora.

Mantendo o ritmo

É difícil explicar quanta energia esses carinhas têm. Eles estão constantemente em movimento e pode ser cansativo acompanhar o ritmo deles. Não pense que você precisa acompanhar. Os níveis de energia desses carinhas são sobre-humanos e você é simplesmente humana. Mesmo que eles adorem ter você por perto (e uma gatinha como você pode facilmente se tornar o mascote do bando), sinta-se livre para tirar alguns dias só para você, sempre que quiser. Ninguém precisa andar constantemente colado no bando.

Teste: Você faz parte de um bando?

Você provou que consegue lidar com esse bando de garotos lobos, mas e quanto à sua própria turma de amigas? Tudo bem, vocês não precisam sair por aí uivando para a Lua ou caçando juntos, mas é provável que você e seus amigos humanos ainda formem uma espécie de alcateia. Responda a essas perguntas para descobrir se você gosta de andar sempre em turma ou se tem um espírito independente.

---

1 Como você faz para conhecer o novo gato que chegou na classe?
a. Você e suas amigas passam a manhã toda falando sobre ele, antes de se sentar ao lado dele no lanche. ☆
b. Leva a tiracolo a sua melhor amiga e se apresenta. ☆
c. Aproveita um momento em que ele está sozinho e se oferece para mostrar a escola. ☆
d. Não faz nada. Ele é quem deve tomar a iniciativa. ☆

---

2 Qual seu programa favorito à noite?
a. Dormir na casa de uma amiga: máscaras caseiras, DVDs, salgadinho e fofocas. ☆
b. Bate-papo com alguns amigos. ☆
c. Ficar sozinha, no telefone. Afinal, você pode falar com quem quiser, mas mantém todos à distância. ☆
d. No sofá com um livro. Quem precisa de pessoas? ☆

3 Seu amigo lobo sugere uma noite fora com o bando. O que você faz?
a. Sugere levar suas amigas para formarem casais.
b. Pergunta se pode levar uma amiga humana (para apoiá-la).
c. Concorda com entusiasmo. Toda aquela atenção masculina só para você!
d. Você adora os amigos dele, mas prefere um programa a dois.

4 Qual a melhor maneira de comemorar seu aniversário?
a. Ir no show da sua banda favorita. Quanto mais gente for melhor.
b. Um dia na praia e piquenique com seus melhores amigos.
c. Assistir à *estreia* do Crepúsculo com duas ou três amigas.
d. Um longo passeio de bicicleta no campo com amigos.

5 Chegaram novas garotas na classe. Parecem tímidas e não conhecem ninguém. O que você faz?
a. Conversa um pouco para ver se elas têm a ver com a sua turma.
b. Convida-as para ficar com você e os seus amigos.
c. Demora algum tempo para se entrosar com elas.
d. Nada de especial. Tem certeza que elas logo se enturmam.

6 O que você acha de ter uma turma de amigos?
a. Essencial. Sem eles você se sentiria uma estranha no ninho.
b. Bom e ruim. Eles podem ser um grande apoio, mas é assustador quando é deixada de fora.
c. Você não se preocupa com isso, porque se dá bem com todo mundo.
d. Prefere andar sozinha do que com um bando de gente.

Respostas: Você faz parte de um bando?

Se a maioria das suas respostas foi...

A

Você nasceu para andar em bando. Gosta de fazer as coisas em grupo e detesta ficar sozinha, por isso entende muito bem como funcionam as alcateias. É muito bom ser popular, mas procure não perder a identidade. Tenha opinião própria e não se deixe levar pela vontade dos outros.

B

Você fica feliz andando em bando, mas às vezes gosta de mudar o cenário social. Claro, você entende a pressão que o bando exerce sobre cada membro, mas está acostumada a tomar suas próprias decisões e se misturar com várias turmas diferentes. Acrescentar um lobisomem na sua vida social não mudará em nada, e você logo se entrosará com a turma dele.

C

Você nunca entendeu para que panelinhas: você acha que andar em turma causa mais transtornos do que benefícios. Se tiver muitos amigos com interesses diferentes, você pode andar com uma tribo diferente a cada dia. Você pode não gostar da pressão que exerce um bando, mas é diplomática e sociável o suficiente para contornar qualquer saia-justa em grupo.

D
Você gosta da sua própria companhia tanto quanto (se não mais) da companhia de outras pessoas, e seu amigo lobo admira a sua independência. Você não costuma julgar as pessoas e anda com todo tipo de gente, mas às vezes pode parecer um pouco distante ou indiferente. Só porque você não gosta de seguir o rebanho não significa que deva se transformar numa eremita!

Bandos - Prós e contras

Você já teve inveja da aceitação incondicional que existe na alcateia do seu lobinho? Os lobisomens literalmente morreriam uns pelos outros e, não importa o quanto a situação seja difícil, eles sempre se apoiam. Há coisa melhor do que isso? Bem, tudo tem seus altos e baixos – tente se colocar na situação dele.

Prós da alcateia

✳ No bando ele nunca está sozinho.

✳ De repente, ele ganha uma família inteira. Eles são os irmãos que ele nunca teve.

✳ Ele pode montar um time para qualquer esporte que você imagine, de vôlei a futebol.

✳ Seus companheiros de alcateia o aconselham sobre tudo, desde o que falar para as garotas até como ter um pelo sedoso.

✳ Seus *brothers* o ajudarão nas primeiras transformações, e estarão por perto para ajudá-lo quando a parada ficar quente.

✳ Todo o bando vive faminto. Ninguém estranha quando ele pede três hambúrgueres.

Contras da alcateia

✳ No bando ele *nunca* está sozinho.

✳ Ninguém quer sair por aí com uma dúzia de lobisomens gigantes a tiracolo.

✳ Toda noite é uma noite com os amigos, e às vezes ele gostaria de variar um pouco as companhias.

✳ Seus companheiros de bando têm uma opinião sobre tudo, ele pergunte ou não.

✳ Aqueles olhos penetrantes de lobo veem tudo, desde a primeira transformação dele até sua primeira paixão, e eles nunca perdem uma oportunidade de fazer uma piada.

✳ Famintos como são, qualquer ida à lanchonete fica uma fortuna.

O VEREDICTO

Será que agora você tem uma ideia melhor do que é viver em alcateia e sabe lidar melhor com o ciúme que sente dos companheiros dele? Ou você ainda prefere ter seu próprio bando?

Entrosando-se

Você e seu lobinho adoram a companhia um do outro, e ele apresentou você ao resto do bando logo depois que ficaram amigos. Mas, por mais que você tente, os outros carinhas simplesmente não foram com a sua cara. Embora eles não deixem transparecer, você e o seu amigo lobo não se sentem à vontade. Você não quer desistir da amizade entre vocês, então o que pode fazer?

Isto sim!

★ **Seja simpática.** Tem razão, é o conselho que a sua mãe lhe daria, mas funciona. Não importa o que aconteça, mostre interesse pelos assuntos do bando, leia sobre o folclore dos lobisomens, seja educada e amigável.

★ **Recorra às garotas.** Ela está cercada de brutamontes sete dias por semana, então qualquer garota lobisomem vai gostar de um bate-papo sobre assuntos femininos. Da próxima vez que visitar a alcateia, leve suas revistas favoritas. Ela não vai resistir.

★ **Cozinhe!** Tudo bem, pode parecer meio antiquado, mas tente fazer uma fornada de biscoitos ou um bolo bem fofinho. A melhor maneira de conquistar um bando de lobos com certeza é pegá-los pelo estômago.

> **Isto não!**

★ **Pressionar**. Você adoraria se sentir incluída, mas não é legal pressionar se o bando ainda não confia em você. Se você já fez tudo o que podia, dê um jeito de encontrá-lo longe dos companheiros, até que eles caiam em si!

★ **Reclamar**. Se você ficar se queixando dos amigos dele, só o deixará num dilema. A quem ele será leal? Concentre-se nos momentos em que vocês podem ficar juntos e ignore o ar de desprezo dos amigos dele, seja imaginário ou não. Ele ficará impressionado com o seu autocontrole e talvez resolva ter uma boa conversa com os companheiros.

★ **Ficar paranoica**. Talvez a frieza com que os amigos dele a tratam não tenha nada a ver com você! Então nada de achar que é o fim do mundo ou fazer qualquer coisa para ser aceita. Seja natural, seja você mesma, e logo eles vão desencanar de você.

Um tempo para vocês

Mesmo que os amigos do seu lobinho tenham ido com a sua cara (e principalmente se não foram), vocês precisam de um tempinho só para vocês. E isso significa que precisam se lembrar da razão por que ficaram amigos. Se todo encontro entre vocês se tornar um programa em turma, vocês precisam achar maneiras eficazes de fugir do bando. O problema é que os loboboys, diferentemente de alguns vampiros, não leem mentes (pelo menos não a mente dos humanos). Talvez ele ache que você adora esses programas com toda a alcateia! Não se desespere.

Como se desvencilhar do bando.

Diga a ele!

Os lobisomens não sacam mais rápido as coisas do que os adolescentes normais, portanto, a primeira coisa a fazer é dizer a ele que já está enjoada de vê-lo como um simples rosto na multidão. Seja delicada, mas deixe tudo às claras. Simplesmente pode nunca ter lhe ocorrido que você gostaria de passar algum tempo a sós com ele.

Tome a iniciativa

Se você costuma deixar que ele decida onde e quando vocês se encontram, surpreenda-o dando algumas sugestões. Se elas não incluírem lugares cheios e abafados, é provável que ele as aceite. Mas deixe bem claro que vocês estão saindo como amigos, do contrário, todo esse tempo que passarem a dois pode dar a ele a impressão errada.

A grande fuga

E se os companheiros dele acharem que são sempre bem-vindos? Seja sagaz! Proponha algo que nenhum lobo com um pouco de respeito por si mesmo aceitaria. Ofereça entradas para uma palestra sobre vegetarianismo, por exemplo, e os amigos dele com certeza vão fugir em debandada. Caso isso não aconteça, agarre a mão dele e saiam furtivamente pela porta dos fundos assim que começar a primeira sessão de slides.

E os *seus* amigos?

Se você está querendo se livrar de um bando de lobisomens, precisará fazer o mesmo com os seus próprios amigos. Um bando de garotas admirando os músculos do seu lobo é tão irritante quanto um bando de brutamontes mostrando o quanto são sarados. Talvez seja hora de uma mentirinha inocente. Diga às suas amigas que você está querendo conquistar o coração dele (mas não se esqueça de pedir a elas segredo!). Isso as fará captar a mensagem e elas sairão de fininho, deixando vocês sozinhos.

Teste: Amigo ou inimigo peludo?

Às vezes você inveja a proximidade que existe entre os lobos do bando. E outras vezes acha até sinistra a sintonia mental entre eles (eles respondem às perguntas do seu amigo antes que ele abra a boca!) Claro, todos eles têm o mesmo estranho DNA, mas será que precisam saber tudo uns dos outros? Essa sua queixa é razoável ou a amizade entre vocês está deixando você possessiva demais?

1 Ele está cancelando outro programa com você, dizendo que tem de resolver um "assunto de lobo". Como você se sente?
a. Tudo bem se ele remarcar o encontro para o dia seguinte. ☆
b. Ok. Você sabe que, para um lobo, o bando sempre vem em primeiro lugar. ☆
c. Frustrada. É a terceira vez este mês. ☆
d. Como ele ousa? Agora será assim: ou você ou a alcateia! ☆

2 Ele idolatra seu alfa e não cansa de recontar todas as piadas "hilariantes" que ele conta. Qual a sua reação?
a. Você também gosta das piadas. ☆
b. Finge que acha graça; é bom que ele tenha um herói. ☆
c. Você acha meio estranha essa adoração pelo amigo. ☆
d. A pior possível. Você preferiria que ele não falasse tanto do bando. ☆

3 O que você faz quando a sua amiga faz comentários maldosos sobre o seu lobinho e seu bando?
a. Dá de ombros. Você sabe quem ele realmente é.
b. Explica por que ela está errada. Ele é um fofo!
c. Ri, mas no fundo concorda com ela.
d. Fica muito irritada. Ela está brincando com fogo.

4 Como você vai se enturmar com o bando se eles não a aprovam?
a. Você pede que o seu amigo a ajude (se ele quiser).
b. Dá umas dicas a ele, mas não fala diretamente.
c. Pede a ele em frente aos amigos, assim ele não pode dizer não.
d. Se ele fosse seu amigo de verdade já teria feito isso sem você pedir.

5 Como o seu amigo lobo reage quando os amigos dele zombam de você?
a. Fica furioso e se transforma para resolver tudo, de lobo para lobo.
b. Ele encara numa boa, mas passa um carão nos amigos.
c. Ele se diverte e brinca também.
d. Ele acusa você de levar tudo muito a sério.

6 Você descobre que todo o bando sabe de um segredo que você contou ao seu amigo lobo. Como você se sente?
a. Tudo bem, você já sabe como é a comunicação nas alcateias.
b. Meio chateada. Há coisas que são realmente particulares.
c. Enganada. Segredo é segredo; ele não tinha o direito de contar.
d. Roxa de raiva! Ele traiu sua confiança!

Respostas: Amigo ou inimigo peludo?

Se a maioria das suas respostas foi...

A

Você entende a ligação profunda que existe entre os lobos e é muito tolerante com relação aos limites que ele impõe aos amigos. Mas você também deixa bem claro para o seu amigo lobo que o tempo que passam juntos é importante para você. Você fica na sua, não surta nem pisa na bola com os amigos dele. Não é de surpreender que ele adora tê-la por perto.

B

Você é uma amigona e ele não cansa de demonstrar que sabe disso. Mas pelo menos uma vez ele podia deixar o bando em segundo plano, nem que fosse um pouquinho... Pitis e cara feia não levam a lugar nenhum. O carinha detesta esse tipo de jogo. Seja honesta e diga que quer passar mais tempo com ele. Quem não se sentiria o tal?

C

Cuidado! Se você quiser competir com esse bando, vai acabar se dando mal. Eles são ligadões uns nos outros e isso está começando a preocupá-la. Mas não é por isso que você tem que ser um capacho. Fale o que sente, mas não faça com que isso pareça um ultimato. Seu amigo lobo precisa saber que você não quer competir com os amigos dele, só ter alguns momentos a dois.

D

Fala sério, é uma surpresa que vocês tenham ficado amigos. Você é naturalmente possessiva e não entende essa conexão entre lobos. Mas os seus pitis não vão ajudar em nada. É melhor ser amiga de um carinha comum, que tenha mais paciência que os lobisomens.

Ele é um alfa?

Não é só uma coisa de lobos! Todo grupo tem alguém que todos admiram, obedecem e usam como exemplo. Mas ser um lobo alfa é mais do que um símbolo de status. Ele é totalmente responsável pela alcateia, pois manter um bando de lobos adolescentes na linha é um trabalho de período integral.

Seu amigo lobo é um alfa ou só alguém que nasceu para seguir um líder? Preste atenção nestes sinais:

Ele impõe respeito

Ele não é o mais velho nem o maior, mas os outros carinhas ouvem o que ele diz. E é isso o que ele espera. Ele não perde tempo tentando se impor, pois nem precisa se esforçar para isso – todos o respeitam e prestam atenção ao que ele diz sem que ele tenha que fazer nada.

Ele se transforma quando quer

Isso é uma grande conquista para qualquer lobo adolescente, pois esse descontrole pode colocá-los numa verdadeira fria! Afinal de contas, você não quer descobrir que se transformou em lobo bem no meio da sala de aula ou na pista de skate! Se o seu amigo lobo já consegue prever quando vai ficar peludo e decidir se vai ou não se transformar, isso é sinal de que ele não é um lobo comum.

Ele toma suas próprias decisões

Para os lobos adolescentes, a pressão que exerce a alcateia é maior do que a exercida pelos outros garotos – o hábito de agir como grupo e prestar atenção no que os amigos pensam ou sentem é instintivo. Portanto, se ele é um carinha muito independente, provavelmente nasceu para liderar os outros. O seu amigo lobo costuma ir contra o que o bando pensa com muita frequência? Se costuma, há chance de que ele seja um alfa.

Ele tem curiosidade para saber sobre o mundo

Os lobisomens se distraem facilmente com seu lado lupino, suas necessidades primitivas, o prazer que sentem em correr pelas florestas e recontar suas lendas. Os futuros líderes do bando, porém, também se interessam pelo mundo lá fora. Têm uma curiosidade natural para saber como eles e sua espécie podem se adaptar melhor ao mundo moderno. Se o seu amigo lobo tiver essa característica, ele pode muito bem ser um alfa.

O VEREDICTO?
Bem, talvez ele se dedique um pouco mais à alcateia do que seus amigos lobos. O lado positivo é que o seu amigo é o maior, o mais forte e o mais brilhante lobo do bando. Pelo menos você pode tirar proveito disso!

Lobo solitário

Você superou os problemas que tinha com os amigos lobos dele e agora vocês se dão superbem. Passaram muito tempo juntos e às vezes vocês dois até chegaram a pensar que poderiam ser mais do que simples amigos (mas falaremos disso mais tarde...). Cuidado! Quando uma amizade fica intensa e exclusivista demais, vocês correm o risco de perder a independência. Não mergulhe de cabeça nessa relação a ponto de esquecer os outros amigos e interesses. Planeje o seu tempo juntos de modo que possam incluí-los também.

Siga estas regras de ouro para ser uma garota independente:

A regra do "uma noite por semana"

Essa é fácil! Reserve uma noite (ou dia) por semana para fazer as coisas de que mais gosta, mas ele não curte tanto. Aproveite essa noite para fazer o que quiser e ele detesta – ir à balada ou assistir a um filme de arte que ele não tem paciência para ver.

Conserve as suas outras amizades

Nunca se esqueça de que seu amigo lobo pertence a outra espécie. Ele é parecido com você em muitas coisas, mas há GRANDES diferenças entre vocês. Portanto, o tempo que você passa com seus amigos humanos pode ser muito agradável. Tudo bem, eles podem ser menos fascinantes (você já sabe quem eles são e que não há chance de que se transformem num carnívoro peludo e gigantesco, mesmo quando você os enfurece!), mas são bem divertidos!

Momentos em família

Talvez seja um conceito meio antigo, mas a sua própria família é muito mais do que um papel de parede na tela do seu computador. Você passou um tempo muito ocupada, tentando entender a dinâmica dos relacionamentos entre lobisomens, mas não se esqueça dessas pessoas que sempre fizeram parte da sua vida e conhecem você mais do que os seus amigos – inclusive os sobrenaturais. Reserve um dia ou dois para ficar em casa, saber das novidades e fazer algo em família.

Aprenda a equilibrar as coisas

Um dia com a família, um dia com a alcateia, um dia com os amigos... para manter as coisas nos trilhos você precisa ter jogo de cintura, mas vale a pena. Você já ouviu sobre a importância de manter o equilíbrio entre a vida pessoal e o trabalho; equilíbrio entre vida pessoal e amigos lobisomens também é importante!

Diários do lobisomem III

A amizade entre vocês se tornou quase um rito de passagem: você não só está aprendendo um bocado sobre os garotos (e lobos), como já aprendeu também sobre muitas outras coisas úteis – como lidar com a dinâmica da alcateia, por exemplo, e como manter sua independência ao mesmo tempo que cultiva suas amizades. Sua vida está cheia de ação, mas como você está se sentindo?

Ele agora é importante para mim, porque...

Eu sou importante para ele também porque...

Coisas que aprendi sobre amigos versus independência

....
....
....
....

Coisas que aprendi sobre trabalho em equipe

....
....
....
....

Qual o futuro da nossa amizade?

....
....
....
....
....

...Mas o meu namorado é um vampiro!

Você não gosta de pegar o caminho mais fácil, não é mesmo? Claro que não, caso contrário não teria escolhido um lobisomem para ser o seu melhor amigo (e quem pode culpá-la? Ele é irresistível!). Mas o que acontece quando você começa a namorar um carinha de outra espécie? Como você vai conciliar o romance com um vampiro e a amizade com um lobisomem?

Vai conseguir levar isso adiante se eles são inimigos mortais? Isso é levar suas capacidades de resolução de conflitos ao limite, mas se quiser tentar, eis algumas dicas para conservar seu namorado e seu amigo — sem um banho de sangue.

Rixas de sangue

O que há com esses garotos? Coloque uma garota entre um vampiro e um lobisomem e eles viram feras, literalmente! E se você acha que os garotos humanos são encrenqueiros, ainda não viu nada!

Guia para contornar as maiores diferenças entre o seu amigo peludo e o seu adorável sanguessuga:

Lobos odeiam nos vampiros:

* O cheiro adocicado. Para você, o seu vampiro cheira a mel e raios de sol; para o seu amigo lobo, ele cheira a perfume barato.

* Os superpoderes. Os lobos detestam quando um vampiro lê os pensamentos deles. Não acham jogo justo.

* As maneiras à mesa. Que graça tem se você não pode brincar com a comida?

* A elegância. O estilo perfeito dos vampiros com certeza vai irritar um cara que vive transformando as próprias roupas em trapos.

* O intelecto. Os séculos de cultura do seu vampiro deixam o seu amigo lobo com um grande complexo de inferioridade.

Vampiros odeiam nos lobos:

* O cheiro de pelo molhado. Para você, ele cheira a madeira. Para o seu vampiro, cheira a cachorro molhado.

* A velocidade. Os vampiros não gostam de ser derrotados em nada. Isso os faz se sentir como presas e não como predadores.

* Os hábitos de caça. O que lhe sobra em entusiasmo falta em refinamento.

* O tamanho. Os vampiros não são baixinhos, mas a maioria dos lobos são mais altos do que eles. Para você isso não faz a menor diferença, mas para um vampiro...

* Os talentos de mecânico. Os vampiros sabem dirigir, é claro, mas não sabem consertar um carro. Os lobos são insuperáveis com uma ferramenta na mão.

O VEREDICTO?
Então, o que esses dois têm em comum? Adivinhe... você!

Ciúme: o monstro de olhos verdes!

Você está caidinha pelo seu vampiro e o seu lobinho é seu melhor amigo, mas agora o seu sanguessuga lhe deu um ultimato: "ou ele ou eu". Você deve escolher? NÃO! Mesmo que esteja rolando o maior *love* com o seu vampiro, você não pode deixar que outra pessoa determine quem serão os seus amigos.

Se o seu namorado vampiro está verde de ciúme...

Seja sincera

Seja vivo, morto ou morto-vivo, a honestidade é a melhor política. Diga a ele que você precisa de um tempo com seus amigos. Não tenha segredos nem faça joguinhos; fale abertamente com quem você anda, mas deixe claro que isso não está aberto à discussão. Diga que hoje é a noite que você reservou para correr com os lobos e marque um encontro com ele para o dia seguinte.

Tenha tato

Sim, você precisa contar ao seu namorado sobre o seu amigo lobo, mas não fale sobre ele por mais de dois minutos. Só porque ele é um gato sobre-humano, isso não significa que não ficará paranoico se você continuar falando sobre os comentários hilários que seu amigo lobo faz, o quanto ele é engraçado ou como vocês sempre se divertem juntos. Quando estiver com o seu sanguessuga, mantenha-se no aqui e agora. Concentre-se na noite que estão passando juntos e logo você o convencerá de que ele não tem nada com que se preocupar.

Mostre admiração

Afinal de contas, você realmente está de quatro pelos superpoderes do seu vampiro e expressar admiração nunca é demais. Não precisa exagerar, mas o vampiro gosta de elogios como qualquer outro carinha. Alguns comentários positivos sobre suas habilidades ou reflexos incomparáveis e ele logo estará achando que é de fato sensacional. Deixe-o se mostrar um pouquinho. Você pode ser uma mera mortal, mas a sua opinião é muito importante.

Não o deixe de fora

O seu lobinho não é o seu único amigo. Faça um programa incluindo os dois (avise que ambos têm que se comportar e peça a seus amigos humanos para irem juntos). Há poucas chances de eles se tornarem grandes amigos, mas fazer com que façam parte de um grupo maior os ajudará a se entrosar sem deixá-los com os nervos à flor da pele – ou sentindo que têm que competir pela sua atenção.

Ciúme: o monstro de olhos verdes II

E se o seu amigo lobo uivar de ciúmes...

Leve-o a sério

Os lobisomens são amigos fiéis, portanto não ria dele nem o trate como uma criança. Ouça as preocupações que ele tem (o seu vampiro é muito velho para você, você vai levar uma mordida, ele se cansará rápido...), mas deixe bem claro que você pesou os prós e contras antes de começar a sair com o seu primeiro morto-vivo. Se ele for seu amigo de verdade, respeitará sua decisão.

"Eu realmente gosto de você, mas..."

Essa provavelmente não é a primeira vez que um carinha dá uma prensa em você. Claro, você se sente o máximo, mas com um namorado vampiro e uma agenda repleta de compromissos, você já tem preocupações demais! Se o ciúme dele é um sinal de que quer ser mais do que seu amigo, deixe claro que você valoriza a amizade entre vocês, mas ela não passará disso. Mesmo que ele fique desapontado, será menos possessivo. E se você cortar o mal pela raiz, é bem provável que continuem amigos.

Apresente uma amiga a ele

O seu amigo peludo está tão interessado em você porque é a única garota que ele conhece? De fato não há muitas garotas lobisomens com quem ele possa uivar para a Lua! Mesmo que ele não seja o seu tipo preferido de criatura da noite (romanticamente falando), seu corpo sarado e seus olhos meigos de filhote fazem dele um ímã para o sexo feminino. Apresente-o a uma ou duas amigas mais corajosas. Exiba-o por aí e dê às outras garotas uma chance!

Eduque-o!

A simples menção de um vampiro já costuma ser suficiente para eriçar os pelos de um lobo, no entanto, eles pouco sabem um do outro. Talvez ele seja mais tolerante com o seu namorado se souber um pouco mais sobre ele. Sugira assistir com ele a alguns DVDs sobre vampiros (qualquer filme da série *Crepúsculo* é uma boa pedida – pois eles mostram um lado positivo dos lobisomens também). Opte por um filme divertido e educativo – ele pode trazer a pipoca!

Literatura sobre triângulos amorosos

Dividida entre seu melhor amigo e seu namorado? Você não é a primeira. Literatura clássica não é sinônimo de salões de baile e espartilhos – ela está repleta de garotas com dilemas amorosos assim como você. Leia alguns desses livros para ter algumas dicas valiosas sobre o que fazer (e ganhar uns pontos a mais na aula de literatura!).

Romeu e Julieta

O clássico casal de adolescentes apaixonados que sela o seu destino da maneira mais dramática possível. Muita chance de que você fique com os olhos vermelhos de tanto chorar. Se preferir assistir ao filme, prefira o clássico de Baz Luhrman. Ele atualizou a história da Itália do século XVI para o submundo das gangues da Califórnia. Julieta, no lugar errado na hora errada e desesperadamente dividida entre o favorito de sua família e o amor da sua vida, lhe parece um enredo familiar? Assista com uma caixa de lenços ao lado.

Orgulho e Preconceito

Você acha que Jane Austen é aristocrática demais para entender alguma coisa de amor verdadeiro? Pense bem. A sua heroína, Lizzy, é inteligente, atrevida e engraçada, mas até mesmo ela precisa aprender a lidar com a pressão exercida pelo sujeito errado (e lutar com unhas e dentes pelo carinha certo), antes que tudo vá por água abaixo. É uma aula sobre como descobrir quais são os seus verdadeiros sentimentos – e você só tem a ganhar seguindo seus conselhos sobre pensar duas vezes antes de saltar de cabeça. Conclua você mesma com que personagens se parecem mais o seu vampiro e o seu lobo.

O Morro dos Ventos Uivantes

Você vai se sentir numa montanha-russa, mas que garota não se imaginou como Cathy, a heroína mais romântica dos romances, galanteada pelo homem certo e pelo homem errado? E até lobisomens e vampiros vão parecer caras comuns e fáceis de entender perto do sombrio Heathcliff, o herói mais atormentado de todos os tempos. Muito bom para fazer seus problemas parecerem pequenos; este livro faz a sua vida amorosa parecer um passeio no parque!

Teste: Amigo do peito ou amigo da onça?

As coisas acalmaram um pouco, mas o seu amigo lobo ainda não vai com a cara do seu namorado. Será que ele se importa realmente com os seus sentimentos ou está mais preocupado com os dele?

---

1 O seu vampiro não aparece há alguns dias e você está preocupada. O que o seu amigo lobo diz?

- a. Confie nele... a menos que tenha uma razão para desconfiar. ☆
- b. Ele provavelmente está caçando para conseguir resistir ao seu cheiro. ☆
- c. Dê um chega pra lá nele! Deve estar escondendo alguma coisa. ☆
- d. Se você fosse *minha* namorada, eu nunca faria isso. ☆

---

2 Você tenta aproximar os dois, mas eles acabam se estranhando. O que o seu lobo faz na manhã seguinte?

- a. Desculpa-se por ter se comportado tão mal quanto o seu vampiro. ☆
- b. Lamenta o que aconteceu e ter chateado você. ☆
- c. Culpa o seu namorado por fazer piadinhas com a alcateia a noite toda. ☆
- d. Diz que você merece coisa melhor do que um vampiro idiota. ☆

3 Como o seu amigo lobo reage quando você cancela os seus planos para ficar com seu namorado?
a. Diz que tudo bem; ele já esperava por isso. ☆
b. Ele entende e sai com os amigos. ☆
c. Pergunta por que o vampiro vem sempre em primeiro lugar. ☆
d. Queixa-se que você não abre mão de nada por *ele*. ☆

4 Você vai conhecer a família do seu vampiro e não sabe o que usar. O que o seu amigo lobo recomenda?
a. Algo moderno para mostrar àquelas vampiras que você tem estilo! ☆
b. Que você seja você mesma. A família vai adorá-la! ☆
c. Que você não deve ir. É mais seguro. ☆
d. A roupa favorita dele, que realça seus olhos. ☆

5 Como ele ajuda você a se recompor depois de uma briga feia com seu namorado?
a. Leva você para tomar um café e poder desabafar. ☆
b. Passa o dia fazendo graça para distraí-la. ☆
c. Ameaça decapitar o cara que aborrecer você. ☆
d. Deixa você chorar no ombro dele e a leva para jantar. ☆

6 O que ele faz se você terminar com o seu vampiro?
a. Lamenta, embora por dentro fique satisfeito. ☆
b. Fica triste por você. Não gosta de vampiros, mas quer que você seja feliz. ☆
c. Comemora. Ele odeia *todos* os vampiros. ☆
d. Você tem a impressão de que ele aproveitará a deixa... ☆

Respostas: Amigo do peito ou amigo da onça?

Se a maioria das suas respostas foi...

A

Ele certamente parece um amigo leal, mas, se você olhar com atenção, vai sentir um leve ressentimento. Ao contrário da maioria dos lobos, esse carinha é um amigo da onça. Embora faça papel de melhor amigo (e seja capaz de ganhar um Oscar pela sua atuação), ele não vê a hora que você termine com seu vampiro. Curta bons momentos com esse lobinho, mas, até que você o conheça melhor, fique de olho nos conselhos que ele lhe dá com relação ao seu relacionamento.

B

Ele é um verdadeiro lobisomem: honesto, leal e 100% de confiança. Que amigão! Pensa no que é melhor para você e só quer a sua felicidade – mesmo não sendo fã de vampiros. O que quer que aconteça com o seu namoro, não perca esse carinha de vista, pois ele é o amigo mais sincero que você já teve.

C

Bem... Ele não é falso e certamente gosta de você, mas com certeza tem aversão por vampiros. Se pudesse separar você, não pensaria duas vezes. Você consegue conviver com isso? Certifique-se de mantê-lo bem longe do seu vampiro e não ouça nada que ele diz sobre o seu relacionamento. Ele tem preconceitos demais para ver as coisas com clareza.

D

Você está falando sério? Esse carinha adora a sua companhia e faria qualquer coisa por você, mas como amigo? Ele não vê a hora de ser seu namorado! Quanto mais ele ouvir sobre o seu vampiro, mais difícil fica para ele. Será que não é hora de rever seus próprios sentimentos? Você talvez perceba que também o considera especial...

Amor de vampiro: Tão bom quanto parece?

Ser amigo de um lobisomem pode ajudá-la a ver seu relacionamento com um vampiro de um ângulo diferente. Os lobisomens são confiáveis, divertidos, leais e gentis. Os vampiros, no entanto, são... diferentes. Você ficou caidinha pelo seu charme de tirar o fôlego, sua elegância e profundo conhecimento sobre quase todos os assuntos do planeta, para não mencionar os poderes sobrenaturais! Mas ele não é perfeito demais? Será que agora você não está começando a ver por trás dessa perfeição toda?

É tão divertido namorar um vampiro quanto você achava?

Morcegão

Você está se tornando uma criatura da noite? Às vezes você se pergunta se o seu vampboy se esquece de que uma garota precisa do seu sono de beleza, e parece que faz décadas desde que você ficava acordada durante o dia, passeando durante horas com as suas amigas no shopping. Além disso, a aversão do seu vampiro à luz do sol fez com que você também ficasse pálida como uma morta-viva. Não é mole não poder aproveitar os dias ensolarados.

Ele é um solitário

Claro, ele tem uma família, mas não é do tipo normal. Ser amiga de um lobisomem a faz lembrar como é bom fazer parte de um grande grupo (ou alcateia) e você descobriu que ter o seu vampiro só para você e mais ninguém está começando a entediá-la. É tão divertido sair em turma!

Ele é o sabe-tudo

Quando começaram a sair, você achou incrível toda aquela experiência – ele já fez e viu quase tudo! Mas é meio chato viver com uma pessoa que nunca está fazendo nada pela primeira vez. E, embora ele possa mantê-la (e mantém) você informada sobre tudo..., você não consegue dizer nada a ele que seja novo. Claro, isso ajuda na hora de fazer a lição de casa, mas no dia a dia pode ser um porre.

Ele é gelado demais

Tudo bem, vocês começaram a sair em pleno verão, quando o corpo gelado dele ajudava você a se refrescar. Mas já se passaram alguns meses, está soprando um vento frio e até o braço dele na sua cintura lhe dá arrepios. Às vezes você preferiria ter alguém que a esquentasse um pouquinho...

Sabedoria das amigas

O seu amigo lobo é seu maior confidente, mas às vezes você gostaria de conversar com alguém da sua própria espécie. A sua melhor amiga já estava no pedaço muito antes que os garotos (vampiros, lobisomens e humanos) aparecessem...

A sua melhor amiga está à altura do desafio? Escolha as alternativas que combinam com ela:

Ela sempre procura ver o que é melhor para você?

Pense no que ela já fez. Já aconteceu de ela dizer que um jeans não ficava bem em você porque era o último da loja e ela o queria para ela? Ela já falou mal de você pelas costas? Ou passou a andar com outras garotas e deixou você de lado? Se a resposta para todas essas perguntas é um absoluto "não", então você pode confiar nela ao pedir sua opinião sobre o seu relacionamento.

Ela tem os pés no chão?

Com um vampiro de cair o queixo e um lobisomem sarado competindo pela sua atenção, é melhor pedir conselhos a alguém não sobrenatural, para manter as coisas em perspectiva. A sua amiga é suficientemente calma e ponderada para julgar com imparcialidade os seus problemas relacionados a garotos com superpoderes?

Você quer ter uma vida amorosa como a dela?

Os relacionamentos dela são estáveis ou duram menos que um trem na estação? O que é bom para uma rainha do drama, com uma queda por fazer cenas em público, pode não ser o melhor para você! Além disso, se ela é do tipo volúvel, que troca de namorado toda semana, é bem provável que não lhe dê conselhos muito úteis (e talvez até se sinta atraída por um dos seus amados monstrinhos míticos…).

Ela nunca se afasta

Se as coisas não vão bem na sua vida amorosa, ela se mantém por perto para ajudá-la no que for preciso? É muito bom saber que há alguém do seu lado, para apoiá-la, não apenas para ajudá-la com situações difíceis com rapazes e amigos, mas também para fazer uma xícara de chocolate e lhe dizer que tudo vai ficar bem. Por melhor que seja o seu namorado – e por mais empolgante que seja ter dois gatos amarrados em você –, não há nada como ter uma boa amiga ao lado quando as coisas ficam difíceis. E assegure-a de que você fará o mesmo por ela, se preciso.

O VEREDICTO?

Se você assinalou todos os quadradinhos, é seguro dividir com ela as suas preocupações e pedir a opinião dela. Mas não se esqueça de apoiá-la nas mesmas circunstâncias – mesmo que ela só ande na companhia de carinhas mortais!

Atração fatal ou porto seguro?

É incrível o que uma nova perspectiva pode fazer. Sair com um vampiro pode ser excitante, intenso e ultrarromântico. Mas o dia a dia divertido ao lado de um lobisomem descontraído e protetor pode abrir os seus olhos. Quem sabe você precisa repensar o seu romance com seu imortal de sangue frio.

Continuar o namoro ou desistir do seu vampiro? Use as listas a seguir para ajudá-la a decidir:

Razões para continuar

* Ele realmente gosta de mim.

* Nunca fico entediada com as nossas conversas...

* Ele pôs ação na minha vida.

* Ele me escolheu, apesar de todas aquelas vampiras exuberantes.

* Ele é realmente protetor; faz com que eu me sinta segura.

* Formamos um belo par; todas as minhas amigas têm inveja do meu namorado.

* Sinto como se pudéssemos ficar juntos para sempre.

Razões para desistir

* Ele não gosta muito dos meus amigos.

* Às vezes ignora as minhas opiniões.

* Minha vida anda vertiginosa graças a toda ação que ele acrescentou a ela.

* Às vezes é bom ser simplesmente uma garota comum.

* Correr com os lobos me deu um gosto pelo perigo.

* A vida é muito mais do que imagem e aparência.

* Mas será que "para sempre" não é tempo demais?

E AÍ?
Já sabe o que quer? Será que não é melhor dizer a ele para não levar o namoro tão a sério?

Diários do lobisomem IV

Você conseguiu lidar com a tensão entre o seu namorado vampiro e seu amigo lobo, mas não está sendo fácil. Pergunte honestamente a si mesma se não poderia dar um tempo no relacionamento com um dos dois. Mas em qual dos dois? Você já está pronta para decidir?

O seu lobinho ainda é seu melhor amigo?

....
....
....
....
....

Você acha que a amizade entre vocês mudou alguma coisa?

....
....
....
....

E o que aconteceu com as suas amizades com humanos?

....
....
....
....

O seu modo de ver o romance com um vampiro mudou?

....
....
....
....
....

Como você se sente com essa tensão entre vampiros e lobisomens?

....
....
....
....
....

Amor de lobo

Esqueça Chapeuzinho Vermelho: os lobos são os melhores amigos de uma garota. Ele acompanhou os altos e baixos do seu namoro com um vampiro e ajudou-a a lidar com as saias-justas da vida. Ele é seu confidente, seu parceiro e amigo mais chegado (as suas amigas já estão começando a fazer piadinhas, dizendo que parecem irmãos siameses...).

Então, será que existe algo além de amizade? Quando vocês estão juntos, pinta um clima de romance? Ou vocês foram "apenas bons amigos" por tempo demais e agora não dá para vê-lo de outro jeito? Descubra agora como será o seu "felizes para sempre"...

Mais que um amigo?

Você e o seu amigo lobo já passaram por muita coisa juntos e ele apoiou você até quando estava empolgada com seu vampiro. Você já pensou em namorar um lobisomem? E ele vê você como uma possível namorada? Como você não é clarividente, veja abaixo como descobrir sem ter que perguntar.

Procure por alguns desses sinais:

Ele fica todo alvoroçado

Vocês estão acostumados a conversar sobre qualquer coisa. Mas nas últimas semanas ele começou a gaguejar um pouco quando fala com você, especialmente quando o assunto é romance. Outro dia você teve a *impressão* de que o viu corando!

Ele está evitando você

Tudo bem, pode ser que ele esteja simplesmente muito ocupado, mas parece que anda evitando você. Vocês costumavam passar horas conversando, mas agora ele começou a dar desculpas sempre que não tem mais ninguém por perto. Não aconteceu nada demais, então o que você acha que está errado?

Ele pergunta como você se sente

Os lobos são criaturas práticas e o seu amigo não é exceção. Ele acha que atitudes falam mais do que mil palavras; portanto, se você está meio chateada, ele vai planejar um passeio para diverti-la e não um papo-cabeça sobre seus sentimentos. De repente, no entanto, ele quer saber como você se *sente* (sério!) quando vê uma bela paisagem, ouve uma linda música ou assiste a um filme. Muito estranho.... será que ele está tentando dizer algo?

Vocês viraram o principal assunto das suas amigas

É verdade que a garota que é o foco da atenção de um carinha pode ser a última a notar isso. Se você está sendo alvo das piadinhas das suas amigas (muito mais do que de costume), então pode ser hora de ficar atenta. Se as suas amigas começarem a dizer, "Poxa! Ele parece gostar mesmo de você...", "Ele foi embora da festa assim que você foi", "Ele andou perguntando se você ainda não terminou o namoro com o seu vampiro", não descarte a possibilidade de que elas estejam percebendo algo que você ainda não captou...

O VEREDICTO?

Ele está demonstrando algum desses sintomas ou todos eles? Se está, é provável que os sentimentos dele por você não sejam mais tão fraternais. Talvez seja hora de você também consultar seu coração...

Vampiro versus lobisomem

Você sabe o que eles não gostam um no outro, mas o que você gosta ou não gosta nesses carinhas sobrenaturais? Nas questões do coração, pensar com clareza pode não ser tão fácil, mas às vezes uma boa e velha lista de prós e contras pode fazer maravilhas!

Aqui vão alguns pontos fortes e fracos de cada um deles, para você usar como ponto de partida:

Meu Doce Vampiro

Prós

* Ele já está neste mundo há séculos e tem muito a ensinar.

* Nem se preocupe em saber se ele já dirige...ele pode carregá-la!

* Ele mantém a calma em qualquer situação.

* É independente e sabe cuidar de si mesmo.

Contras

* No bate-papo, às vezes você tem a impressão de que está conversando com o seu avô.

* Ele nem sempre diz aonde vai caçar...

* Às vezes seria bom fazê-lo perder o controle, só para variar...

* Ele parece não precisar de outras pessoas.

Lobo Mau

Prós

* Ele é caloroso, tanto física (seu corpo é quase febril) quanto emocionalmente.

* Ele é uma criatura sociável, que adora conhecer pessoas novas.

* Ele é um livro aberto; você sabe exatamente o que ele está pensando.

* Tem o coração de um filhote. Depende realmente de você.

Contras

* É cabeça quente. Quando perde as estribeiras, não mede consequências.

* Não consegue viver sozinho.

* Todo o bando sabe o que ele está pensando e sentindo – não só você!

* Embaixo de todo aquele pelo, ele é uma criatura frágil.

O VEREDICTO?
Já sabe quem é o vencedor? Mas quando você leva em conta os seus próprios sentimentos, gosta desse resultado?

Teste: Quais são seus sentimentos por ele?

Talvez você ainda não conheça seus verdadeiros sentimentos, mas já fez a si mesma as perguntas certas? Para descobrir se a amizade com seu melhor amigo está esquentando ou se é o charme do seu vampiro que já não lhe causa tanto ardor, responda a este teste revelador.

---

1 E se a sua melhor amiga estiver arrastando a asa para o seu amigo lobo?
a. Ela é sua amiga e ele também – seria ótimo! ☆
b. Ai, não!...E se ele gostar mais dela do que de você? ☆
c. Você ficará furiosa, mas nem sabe dizer por quê. ☆
d. Fica enciumada. Ele seria um namorado maravilhoso... ☆

---

2 Por que é tão bom tê-lo como amigo?
a. Ele é o *brother* perfeito! (e numa embalagem tamanho-família) ☆
b. Ele é legal e descontraído, e está sempre por perto. ☆
c. Ele é um gato, protetor e fofo, e além disso vocês têm uma ligação realmente especial. ☆
d. Ele não tem nada de mais; você também tem outros amigos. ☆

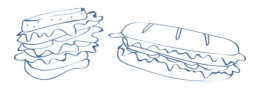

3 O conserto que ele fazia na bicicleta dele deu errado e ela foi para o lixo. O que você pensa em fazer?
a. Que pena! Ele gostava tanto daquela bicicleta...
b. É melhor você acalmá-lo para que ele não perca a cabeça...
c. Talvez um abraço o faça se sentir melhor.
d. Melhor deixá-lo sozinho até que os amigos o acalmem.

4 Depois de se transformar, ele se sente exausto. O que você faz?
a. Deixa-o usar o chuveiro e lhe faz um sanduíche.
b. Corre para emprestar um jeans, pois os dele estão em frangalhos (como sempre)
c. Diz a ele que pode contar com você para o que for preciso.
d. Vai para casa e dá um tempo para que ele se recupere.

5 Ele sugere um programa à noite. O que você sugere?
a. Uma balada. Você aceita a sugestão dele, mas depois o arrasta para a sua balada preferida.
b. Uma noite com o bando. É o que ele mais gosta.
c. Uma caminhada e um bate-papo.
d. Uma festa da pizza, com todos os amigos.

6 Ele está de recuperação (de novo) em matemática. Você é boa nessa matéria, mas como ajudá-lo?
a. Deixa que ele copie a sua lição de casa para melhorar nas notas.
b. Verifica as tarefas dele antes que as entregue.
c. Passa horas estudando com ele.
d. Sugere que ele passe as noites sozinho, estudando.

Respostas: Quais são seus sentimentos por ele?

Se a maioria das suas respostas foi...
A
Vocês são muito bons amigos – e é provável que continuem assim. Vocês cuidam um do outro, são muito chegados (na maioria das vezes sabem o que o outro está pensando) e estão acostumados a fazer concessões para não pôr em risco a amizade. Mas a ligação entre vocês é definitivamente aquela de irmão para irmão, não de namorados.

B
Pinta um clima às vezes, mas você ainda não sabe bem o que é. Você com certeza não está preparada para vê-lo com outra garota, mas ainda não sabe bem o que sente por ele. Será que você não está só com medo de perder a atenção dele? Você já está acostumada a tê-lo sempre ao seu lado? Ou será que uma parte sua quer tê-lo só para você?

C
Bem, todo mundo já percebeu há muito tempo – só você que não. Vocês dois formam um casal e tanto! Seu amigo lobo já sabe disso, então como você não percebeu? Não admira que o seu vampiro esteja morrendo de ciúme, pois há um lobo no seu coração. Dê o braço a torcer e admita que vocês foram feitos um para o outro.

D
Você se sente atraída, mas nunca deixou transparecer. Será que não está escondendo seus verdadeiros sentimentos? Você está se enganando e bancando a irmãzinha, dizendo a si mesma que a vida já é muito complicada assim como está? Tudo bem, se você prefere assim… Só não vá se arrepender depois, se ele começar a sair com outra garota.

Por que não posso ter os dois?

Amar não é crime, né? Especialmente quando você é jovem e ainda tem um longo caminho pela frente. Portanto, se você é tão sortuda a ponto de ter não apenas um, mas dois seres sobrenaturais caidinhos por você, será que não pode simplesmente... ficar com os dois?

Alguns detalhezinhos em que você precisa pensar antes de bancar a mulher fatal:

Brincar com fogo

Trocar um pássaro na mão por dois voando sempre foi um jogo arriscado, e você está jogando com dois garotos que têm muito mais do que uma simples implicância entre si: têm uma rixa de morte! Esqueça seus sentimentos por um segundo e pense: e se um deles se machucar pra valer?

Saída fácil...

Talvez você goste mais de um do que do outro, mas não quer ferir os sentimentos de ninguém, não é mesmo? Pense melhor. Você corre o risco de perder os dois, se achar que pode ficar com ambos, portanto faça a coisa certa e diga a eles quais são seus sentimentos.

Dúvida atroz

Se você pensa mesmo em enganar os dois, então é porque não se importa muito com nenhum deles. Ou como você se sente brincando com uma pessoa (ou duas) que realmente gosta? Isso pode parecer conselho de mãe, mas ela pode estar certa: não vale a pena.

Egoísmo puro

Você precisa sentir a segurança de saber que alguém está interessado em você? Você está brincando com os sentimentos do seu amigo lobo porque acha que o seu vampiro está meio distante e você quer ter pelo menos *um* admirador? Esse tipo de jogo duplo é um sinal de insegurança – e, se você parar de jogá-lo, isso indica que está amadurecendo.

A melhor política

Garotos, sejam vampiros, lobisomens ou seres humanos, não são diferentes de você quando se trata de sentimentos. Eles também querem ser tratados com carinho e respeito. É bem provável que você não possa ter mais de um, do jeito que quer, então pense bem sobre em qual deles você está realmente interessada.

Beijos reveladores?

Toda canção que já ouviu, todo filme que já viu dizem que é por meio do beijo que você sabe que ele é "o Cara". Bobagem! Os beijos causam sensações que você não sabia que tinha, claro, mas não significa que serão felizes para sempre. Digamos, por exemplo, que você beije o seu lobinho enquanto ainda é oficialmente namorada do seu vampiro. Isso significa que tem que terminar o namoro? Significa que está traindo seu namorado? Significa que está "apaixonada" pelo seu amigo?

Alguns dos beijos mais comuns:

O beijo "gosto de você"

Este pode acontecer por pura amizade. Vocês estão fazendo um passeio a pé, a Lua está alta no céu, ele diz algumas palavras de carinho... e acontece! Simples assim. Às vezes um beijo é só um beijo.

O beijo de pena

Você sabe que não sente nada de romântico por esse carinha, muito embora ele gostaria que você sentisse, por isso você o beija (ou ele a beija) como que para dizer "sinto muito". Tenha cautela, pois essa pode ser uma receita para o desastre, principalmente se ele é um garoto sensível, sem muita experiência com as garotas (essa descrição não a faz lembrar um lobo que você conhece?).

O beijo acidental

Já aconteceu com todo mundo: você visa a bochecha e acerta a boca! E depois tem que dar um beijo "apropriado", porque está constrangida demais para não fazer isso. Esse não é o pior tipo de beijo, mas, se você não tinha segundas intenções, então é melhor encontrar um jeito de rir da situação antes que seja tarde.

O beijo de desafio

Você brigou com seu vampiro, saiu com seu amigo lobo e, a certa altura, ele tentou uma aproximação. Antes que você percebesse, estavam se beijando, porque absolutamente ninguém, principalmente um chupador de sangue, vai lhe dizer o que fazer e com quem sair. No entanto, provar sua independência não é a melhor razão para beijar alguém, por isso é melhor admitir isso antes que as coisas saiam do controle.

O beijo romântico

Esse é o tipo de beijo a que as canções se referem. Os seus olhos se encontram, seus lábios se aproximam e, por um momento, o tempo para. Quando esse tipo de beijo acontece, é algo especial, por isso ouça o que o coração está querendo lhe dizer (se você conseguir fazer ele parar de pular descontroladamente). Será que isso é amor?

Só bons amigos?

Um passo pra frente e dois pra trás... Esse carinha era seu melhor amigo, mas agora vocês brigam o tempo todo. Você achou que falar dos seus pensamentos honestamente resolveria a situação. Afinal de contas, se o seu afetuoso amigo lobo sente algo por você que você não pode retribuir, mesmo querendo-o por perto, isso não é problema seu. Ou será que é?

Vocês devem se afastar se ele não aceita ser apenas seu amigo?

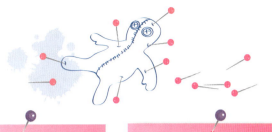

Razões para manter a amizade

* Vocês significam muito um para o outro para desistirem da amizade agora.

* Ele ficou muito mais forte e maduro ao enfrentar o fato de você namorar um vampiro.

* Você é a maior amiga dele.

* Você não suporta a ideia de perder seu lobisomenzinho querido.

* Você realmente acha que faz bem a ele.

Razões para se afastar

* Você significa tanto para ele que é desgastante serem amigos.

* O seu romance com um vampiro realmente o abalou – e não precisa muito para ele se transformar de lobo infeliz em lobo raivoso.

* Você o está impedindo de conhecer outras garotas.

* Você tem um namorado vampiro que ama mais que tudo.

* Você fez bem a ele um dia, mas agora tudo o que fazem é brigar.

O VEREDICTO?
Não há nada de errado em serem apenas bons amigos se os dois estiverem de acordo sobre isso – mas, se não estão, fala sério! É preciso chegar num acordo!

Saídas de emergência

Existem mil maneiras de se dizer a um carinha que o namoro não vai rolar, mas algumas delas são melhores (e mais gentis) do que outras. Se você acha que chegou ao ponto em que precisa pôr um fim à amizade, porque ele sente algo que você não pode retribuir (pelo menos por hora), qual é a melhor maneira de dizer isso a ele?

Cinco coisas que você pode dizer para não ferir os sentimentos dele:

1. **"O problema sou eu, não você."** Assuma a culpa. Tudo bem, ele está tentando levar a amizade a um terreno desconhecido, mas não há nenhum mal em tentar fazê-lo se sentir melhor. E, de certo modo, o problema é você. Você não quer o que ele quer e não tem culpa de ser irresistível (talvez seja melhor manter essa última informação só para você)!

2. **"Só estou dando um tempo."** Não diga quanto tempo, mas deixe claro que não é para sempre. Vocês não vão deixar de ser amigos. Se ele quiser saber se é por algumas semanas, um mês ou até dois, seja vaga. Vocês dois podem já estar muito mudados depois desse período, mas é melhor dizer apenas que vocês vão se encontrar novamente "quando estiverem prontos".

3. **"Você terá mais tempo para passar com o bando."** Vale a pena lembrá-lo de que o tempo que ele passava com você, poderá agora dedicar ao bando. Até mesmo os lobinhos que acham seus poderes um pouco assustadores curtem correr com o bando. Para eles é como dirigir um carro esportivo, mas usando as próprias pernas! Ele sentirá falta de você, mas terá os irmãos da espécie para confortá-lo.

4. **"Não posso ser o que você quer que eu seja."** Isso pode machucar, mas é verdade. Lembre-se de que vocês dois andam brigando muito ultimamente. A amizade entre vocês precisa, no mínimo, de um tempo. Dizer isso em voz alta pode ajudá-lo a acreditar.

5. **"Vejo você por aí..."** Como em qualquer rompimento, não adie muito as despedidas. E despeça-se de um jeito descontraído. Isso mostra que você não guarda nenhum ressentimento.

E se ele pedir um tempo?

Você jamais imaginou que isso aconteceria, mas o seu amigo lobo pode sugerir um encontro e depois começar a dizer – todo sem jeito (ele não é como o seu refinado vampiro, isso é fato) – que não acha que as coisas possam continuar desse jeito, e você acaba percebendo que ele está tentando pôr um fim à amizade.

Se ele está tentando se afastar, como você deve reagir?

Entre nesta!

★ **Ouça**. Ele não é o cara mais diplomático do mundo nem o mais mentiroso (o que você constatou depois das vezes em que seu vamp foi "econômico" com a verdade), por isso pode ter certeza de que está sendo sincero. Por mais que você fique chateada, é melhor que você ouça o que ele tem a dizer.

★ **Seja amável**. Ele já foi cruel com você? Não. Pode ter pavio curto, mas tem um coração de ouro. Mesmo que você fique com um nó na garganta, seja compreensiva. Ele teve que reunir toda a coragem que conseguiu para ser sincero com você (e esse é um carinha que fica apavorado ao ver lágrimas nos olhos de uma garota), por isso torne a coisa mais fácil.

★ **Faça um balanço**. Se o seu lobo está batendo em retirada porque você está namorando um vampiro, bem... você pode fazer algo a respeito. Preste atenção: se sentir o mesmo quando ele disser que é o cara certo para você, então você pode tomar uma atitude para que possam ficar juntos.

118

Caia fora!

★ **Não o trate mal**. Tirando as frações de segundos em que se transformam, os lobisomens tendem a remoer os problemas. Apesar de genioso, ele está menos em contato com os próprios sentimentos do que você – coisa de garotos –, mas os leva a sério depois que se conscientiza deles. Ele pensou antes de falar, então faça o mesmo.

★ **Não o iluda**. Se você não o quer como namorado, ele tem o direito de buscar outra garota. Não fique no caminho! Admita, ele merece ter alguém que o ame!

★ **Não faça drama!** Se ele está dizendo que você está sem tempo para se dedicar à amizade, que está deixando o bando muito de lado ou que quer conhecer outras garotas, talvez esteja apenas tentando evitar que você faça uma cena.

Fim de caso com o vampiro

Quando um relacionamento esfria naturalmente, é fácil dizer adeus. Mas e quando um dos dois quer namorar outra pessoa? Isso torna as coisas mais complicadas...

Como dizer adeus ao seu namorado vampiro (e sobreviver para contar a história...)

Ele adivinhou?

O seu vampiro sempre foi frio, mas ultimamente anda gelado! Você tem certeza de que ele não está saindo com mais ninguém, mas não se esqueça de que ele lê pensamentos, por isso pode ter percebido que você anda pensando muito em lobisomens... Antes que ele lhe pergunte se está escondendo alguma coisa, é melhor puxá-lo para uma conversa e pôr tudo em pratos limpos.

Tenha uma rota de fuga

Não assuma riscos desnecessários. Romper um namoro é uma saia-justa, mas romper um namoro com um vampiro é um perigo! Deixe que o seu amigo saiba onde você vai estar e planeje uma rota de fuga, só para o caso de precisar. Combine com uma amiga para que ela lhe telefone depois de meia hora de conversa com seu vampiro, dizendo que você precisa resolver um problema urgente. Mesmo que ele esteja irritado, você ainda tem um cheiro extremamente apetitoso e a frustração pode deixá-lo com uma sede repentina.

Tenha tato

Diga a verdade – mas tenha em mente que os vampiros não toleram lobisomens. Descrições vívidas dos seus sentimentos pelo seu lobo podem causar uma tragédia. Você quer sobreviver para namorar com o lobo, por isso não provoque o vampiro. Diga simplesmente que está se sentindo muito confusa e quer deixá-lo livre para conhecer uma garota que o mereça.

Seja breve

Quando se está nervosa, é natural falar muito. Não faça isso. Ensaie o que vai falar, fale com a maior calma possível, ouça o que ele tem a dizer – depois vá embora. Explicações não vão fazer nenhum dos dois se sentir melhor. Reminiscências sobre momentos felizes que passaram juntos podem esperar até quando vocês tiverem superado tudo e estiverem preparados para se encontrar como amigos.

Política de devolução

Sim, você precisa devolver os presentes que ele lhe deu! Aquele anel de ouro que a sua mãe pensou que era bijú, a valiosa primeira edição do Morro dos Ventos Uivantes, o fabuloso pingente com um diamante de verdade... tudo isso. Desculpe, mas, se você quer romper o namoro, é o mínimo que pode fazer. Se ele não quiser aceitar, aí é outra história...

Um novo amanhecer

Vocês são amigos há séculos, então como começar... um relacionamento diferente? Pode ser engraçado a princípio, mas vocês não demorarão muito para se ajustar à nova situação. Afinal de contas, poucas garotas já namoraram um vampiro... e você namorou e sobreviveu ... (quem sabe possa contá-la num livro algum dia?).

Por que é diferente namorar um lobisomem?

Ele é direto

Os vampiros são deslumbrantes, mas até suas maiores fãs têm de admitir que são misteriosos. Se você se acostumou a isso, namorar um lobo será para você um choque – ele não tem meias-palavras. Se você estava acostumada a fazer joguinhos no seu relacionamento, relaxe. Agora pode falar exatamente o que pensa.

Ele é quente

Você pode deixar de lado todos os casacos, gorros e cachecóis que usava quando namorava seu vampiro gelado e comprar umas camisetas novas. O seu amigo lobo estava sempre disposto a aquecer suas mãos geladas; agora que ele tem permissão para chegar mais perto, nunca mais você sentirá frio.

Ele faz parte de um bando

Isso às vezes era um problema quando vocês eram só amigos: esse carinha é tudo menos solitário. Ele adora sair com os amigos e agora que são namorados é melhor se acostumar a fazer o mesmo. O lema desse lobo sempre será "Quanto mais gente melhor", mas se você aprender a apreciar os amigos dele (e, convenhamos, eles são gente boa), isso não a irritará.

Ele é um garoto como todos os outros

Ele adora consertar coisas e praticar esportes e tem dificuldade para explicar seus sentimentos (ou mesmo entendê-los). E ele não sabe absolutamente nada sobre filmes de arte. Na verdade, é muito mais parecido com um adolescente humano do que o seu vampiro. De agora em diante, você pode compartilhar seus interesses culturais com as suas amigas.

Vocês são iguais

Admita. Quando namorava um vampiro, ele às vezes fazia com que você se sentisse muito inexperiente. Afinal de contas, ele era uma alma antiga num corpo de adolescente. Fisicamente, o seu lobinho com certeza pode competir com ele (namorados bonitos é o seu forte), mas ele é um adolescente, assim como você. Prepare-se para muitas brigas, reconciliações e risadas. Ele pode ser um lobisomem, mas você vai se surpreender ao ver quanto podem ser parecidos.

Diários do lobisomem V

Uau! Quem disse que o caminho para o verdadeiro amor não é em linha reta não estava brincando. Mas, se as coisas esquentaram ou esfriaram com o seu lobinho, está satisfeita com o rumo que as coisas tomaram? E o que vai fazer depois?

Eu deveria ter agido de modo diferente?

....

....

....

....

....

Eu sinto que perdi um amigo?

....

....

....

....

....

Estou arrependida?

Será que vai durar para sempre?

Como eu me sinto?

Índice remissivo

A

A Companhia dos Lobos 33
Alfa, lobos 72-3
A Maldição do Lobisomem 32
Amigas 7, 94-5, 103
Amigo do peito ou amigo da onça? 88-91
Amigo ou inimigo peludo? 68-71
Amizades
    Garotas lobisomens 48-9
    Melhor amiga 94-5
    Melhor amigo 50-1

Ar livre, atividades ao 22
Atletismo 26

B/C

Balas de prata 17
Bando/alcateia 123
    Amigo ou inimigo peludo? 68-71
    Hostilidade 64-5
    Política do bando 56-63
    Prós e contras 62-3
    Você faz parte de um bando? 58-61
Beijo 112-13
Beijos acidentais 112
Beijos de desafio 113
Beijos de pena 112
Beijos "gosto de você" 112
Beijos românticos 113
Bola, jogos de 35
Bungee jumping 39
Cabelo, cuidados com o 26
Cães, adestramento de 27
Canoagem em corredeiras 22, 39
Churrascaria
Ciúme 82-5
Conversando 26-7
    Assuntos a evitar 27
    Assuntos quentes 26
    Contando segredos 40-1
Corrida de carros 34
Culturais, interesses 11, 123

D/E

Dança de salão 36
Danças 36
Dando um tempo 42-5
Despedidas 118-121
Diários do Lobisomem, 28-9, 52-3, 76-7, 98-9, 124-5
DVDs 32-3
Ele é mesmo um lobisomem? 12-15
Em busca de aventuras 38-9
Escalar paredes 38
Esportes
    Atividades ao ar livre 22

Atletismo 26

Radicais 10

F/G

Família, tempo com 75

Faminto 10, 35, 56

Filmes imperdíveis 32-3

Futebol 35

Garoto do Futuro, O 33

H/I/K

Hambúrgueres gigantescos 10

Independência 74-5

I Was a Teenage Werewolf 32

Karaokê 37

L

Lado selvagem 18

Lealdade 23

Literatura, triângulos amorosos na 86-7

Lobisomem Americano em Londres, Um 33

Lobisomem, O 32

Lobisomens, garotas 48-9

Lobo 33

Lobo solitário 74-5

Lua, loucura da 16

Lua Nova 32

M/N

Meditação 46

Melhor amiga 94-5

Melhor amigo 50-1

Menino em pele de lobo 20-1

Mentores 47

Mergulho 10,38

Minimaratonas, treinamento para 35

Mitos 16-17

Moda 26

Namoro

Com vampiros 92-3

Lobisomens 122-3

Sentimentos com relação ao 102-3

O/P

O Morro dos Ventos Uivantes 87

Orgulho e Preconceito 87

Paraquedas, salto de 39

Patinação no gelo 34

Perder a cabeça 16-25

Pessoais, qualidades

Dos lobisomens 6, 20-1

Para atrair um lobisomem 22-3

Presentes, devolvendo 121

Programas 10

É uma furada... 36-7

Paradas iradas 34-5

Índice remissivo

Q/R

Quais seus sentimentos por ele? 106-9
Raiva, controle da 27
Rapel 10, 22
Rixas de sangue 80-1
Romeu e Julieta 87
Rotas de fuga 120

S

Saídas de emergência 116-17
Sangue e Chocolate 33
Saunas 36
Segredos 40-1
Sentimentos
    Com relação ao namoro 102-3
    Por duas pessoas 110-11
    Quais seus sentimentos por ele? 106-9
    Só bons amigos? 114-15
Sobrevivência, cursos de 10
Surfe 34

T

Tai chi 46
Tempo a sós 66-7
Testes
    Amigo do peito ou amigo da onça? 88-91
    Amigo ou Inimigo Peludo? 68-71
    Dando um tempo 42-5
    Ele é mesmo um lobisomem? 12-15
    Quais seus sentimentos por ele? 106-9
    Você faz parte de um bando? 58-61
Transformações 18-19, 38, 46, 49
    À vontade 72
    Voluntária 47
Trilhas na natureza 36

V/Y

Vampiros 15, 27
    Ciúme 82-3
    Namorando 92-3
    Razões para continuar/desistir 97
    Rixas 80-1
    Rompendo com 120-1
    Versus lobisomens 104-5
Van Helsing 33
    Você faz parte de um bando? 58-61
Yoga, aulas de 37